适应我国电力市场改革的容量市场模式及价格机制研究

孙启星　张冰石　等◎编著

Research on Capacity Market Model
and Price Mechanism Adapting to
CHINA'S ELECTRICITY
MARKET REFORM

中国财经出版传媒集团
经济科学出版社
Economic Science Press
·北京·

图书在版编目（CIP）数据

适应我国电力市场改革的容量市场模式及价格机制研究／孙启星等编著． -- 北京：经济科学出版社，2024. 6. -- ISBN 978 - 7 - 5218 - 6044 - 3

Ⅰ.F426.61

中国国家版本馆 CIP 数据核字第 2024N285F5 号

责任编辑：宋艳波
责任校对：易　超
责任印制：邱　天

适应我国电力市场改革的容量市场模式及价格机制研究
SHIYING WOGUO DIANLI SHICHANG GAIGE DE
RONGLIANG SHICHANG MOSHI JI JIAGE JIZHI YANJIU
孙启星　张冰石　等/编著
经济科学出版社出版、发行　新华书店经销
社址：北京市海淀区阜成路甲 28 号　邮编：100142
总编部电话：010 - 88191217　发行部电话：010 - 88191522
网址：www. esp. com. cn
电子邮箱：esp@ esp. com. cn
天猫网店：经济科学出版社旗舰店
网址：http://jjkxcbs. tmall. com
固安华明印业有限公司印装
710 × 1000　16 开　10 印张　180000 字
2024 年 6 月第 1 版　2024 年 6 月第 1 次印刷
ISBN 978 - 7 - 5218 - 6044 - 3　定价：78. 00 元
（图书出现印装问题，本社负责调换。电话：010 - 88191545）
（版权所有　侵权必究　打击盗版　举报热线：010 - 88191661
QQ：2242791300　营销中心电话：010 - 88191537
电子邮箱：dbts@ esp. com. cn）

编 委 会

主 编：孙启星　张冰石

副主编：杨　彪　李成仁　尤培培　张　超
　　　　曹　昉

编委会成员：

　　　　荆朝霞　刘泽阳　高　效　赵　茜
　　　　刘思佳　李炎林　李骏龙

前言 PREFACE

在中国"30·60"碳达峰、碳中和目标下，大力开发利用可再生能源是电力行业发展的必然趋势。高比例可再生能源渗透使传统能源机组成本回收面临利用小时数锐减、现货市场电价低的困难，增加了容量提前退坡的风险，打压了调节资源的长期投资积极性。随着我国电力体制改革的不断深化与现货市场建设的全面铺开，部分省区已暴露出强迫停电、搁浅成本遗留等问题，亟须加快引进适应我国电力市场不同发展阶段的容量充裕度机制，健全电力市场体系，支撑新型电力系统的发展。其中，容量充裕度保障机制是电力市场机制中保证发电容量充裕度的重要手段。发电容量充裕度对电网稳定运行起到至关重要的作用。此外，在电能量市场和辅助服务市场的市场机制下，发电企业逐利特性明显并对电网长期发展认识不足。需建立起保证电力系统发电容量充裕度的市场化制度机制，从全局层面保证电网稳定运营。目前，我国已经建立由政府定价的煤电容量补偿机制，一定程度体现了保障发电容量充裕度的特性。但未来仍需探索利用市场机制进行优化设计、建立适应我国电力市场改革的容量市场模式。

本书通过分析发电机组成本，梳理国内外容量成本回收机制，开展了高比例可再生能源渗透率下的容量机制仿真，并结合我国电力改革现状进行了容量市场设计，提出适应我国的容量补偿机制，以期对未来中国容量保障机制设计提供支撑。本书总结出相关结论，以飨读者，具体如下：（1）高比例可再生能源参与市场大幅提高火电容量补偿规模；（2）保障容量充裕度的国外典型市场机制值得我国参考借鉴；（3）机制设计影响可靠性与经济性的协调；（4）中国需构建考虑配额制的多源电力市场成本回收体系；（5）中国容量市场建设遵循分阶段推进、多举措风控原则，同时为解决容量市场的弊端，可采用一种基于收益估算法的新型容量市场。

特别感谢国网能源研究院有限公司青年英才工程项目"适应我国电力市场改革的容量市场模式及价格机制研究"对本书的支持。此外，在书籍编写过程中，得到了华南理工大学、华北电力大学等单位的大力支持，在此表示衷心感谢！

编者

2024 年 4 月

目录 • CONTENTS

发电机组成本分析

在竞争的市场环境下，发电企业生产经营的目标是实现利润最大化，而利润水平取决于出售产品的收益和生产产品的成本。企业生产的成本除了受到原材料价格的影响之外，主要取决于企业的生产技术和管理水平。在市场分析中，生产企业的成本特性是一个基本的假设条件。对于完全竞争的市场，利润最大化的目标要求生产企业的产品供给函数等于其边际成本函数。对于不完全竞争市场，企业竞争策略也必然基于自身的成本特性。

在计划经济的条件下，火电企业组织生产的外部环境（如燃料价格和上网电价）是相对稳定的，实现预期利润目标的主要影响因素是上网电量，而决定上网电量的技术因素是机组的边际供电或平均供电燃料消耗率。实际上，企业的收益分析往往无法以边际耗量特性为依据，也不必体现边际成本方面的内容，成本分析的主要内容是平均成本。但在市场竞争的条件下，企业生产的外部环境是不断变化的，企业应对市场变化的基本依据是成本的变化特性，即供电的平均变动成本特性和边际成本特性。

1.1 成本度量方法概述

在发电企业生产过程中，短期内投入的厂房、重要设备、劳动力等不随产量而变，被称为固定要素，对应的成本为固定成本；燃料、水和外购电力等要素的数量则是变动的，被称为可变要素，对应的成本为可变成本或变动成本。固定要素是企业的生产技术和生产条件，生产的投入要素只有变动要素部分（见图1-1）。

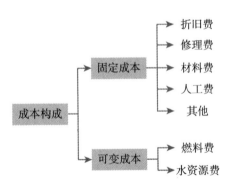

图1-1 发电企业生产成本构成

不过，要素的固定或变动与考察的时间范围有关，如果从长期的角度考虑，企业可能调整其生产规模，则一切生产要素都是可变的；如果从短期的角度（数周或数月）考虑，则企业生产的投入要素可以包括机组运行所需的燃料（包括启停燃料消耗）、水和外购电力、材料及和发电量有关的劳动力等；如果从现货市场竞价时段的角度考虑，对于连续运行的机组，空载燃耗部分的投入要素也是不变的，只有与单位时间内发电量（机组出力）有关的燃料消耗才是可变投入要素。

以上的分析从"固定、可变"与"长期、短期"的角度对发电企业的成本进行解构，由于电厂实际生产的复杂性（启停特性、运行特性）与差异性（火电、新能源），成本的概念众多而细致，为了综合表征一种发电技术或某类型机组的成本竞争力，需要引入统一的度量方法。本节介绍新进机组成本（cost of new entry，CONE）、平准化度电成本（levelized cost of electricity，LCOE）、价值调整平准化成本（value-adjusted LCOE，VALCOE）3 种模型，其中 CONE 广泛应用于英美容量市场的机制设计中，是度量机组容量成本的关键参数；LCOE 则是传统的测算模型，在此基础上，介绍了改进的、适用于高比例新能源电力系统的 VALCOE。

1.1.1　新进机组成本

新进机组成本是在机组经济寿命内、考虑合理收益预期的情况下，新机组需要回收的资本投资、固定成本的年度成本总额（不考虑可变运营成本）。净 CONE 指的是新机组从 CONE 扣除电能量、辅助服务净利润（已减去可变运营成本）后，为了第 1 年的盈亏平衡需要回收的成本。净 CONE 常用于设置容量市场需求曲线上的价格，或者用于建立发电资源在容量市场中的报价区间。

以美国电网运营商（PJM）为例，PJM 将经营区域划分为 4 个 CONE 区域，对每个 CONE 分区的燃气轮机（combustion turbine，CT）、联合循环燃气轮机（combined-cycle，CC）分别计算 CONE。CT 电厂指定的配置是一个 GE 7HA 涡轮机；CC 电厂指定的配置是两个 GE 7HA 涡轮机，加上单个热回收蒸汽发生器和蒸汽轮机。PJM 对每座电厂的资本成本进行了全面的、自下而上的分析，将其划分为工程、采购和施工（engineering，procurement and construction，EPC）成本和非 EPC 成本，具体涵盖的成本条目如图 1-2 所示。

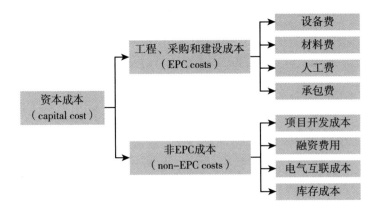

图 1-2　资本成本构成

年度固定运营和维护（O&M）成本另外计算，具体包括运营相关的人工费、材料费、财产税和保险费。经济寿命设置为 20 年，发电投资的税后加权平均资本成本率为 7.5%，该收益率综合考虑了股本回报率、债务成本、联邦税率等因素。

为了推导 CONE 的公式，首先介绍两个概念：① 等效年化成本（equivalent annualized cost，EAC）。等效年化成本指的是项目经济寿命内，每年需要付出的资本成本和固定成本。项目全生命周期内的 EAC 净现值应等于"资本成本 + 固定成本"的净现值。

② 加权平均资本成本（weighted average cost of capital，WACC）。加权平均资本成本是按各类资本所占总资本来源的权重加权平均计算公司资本成本的方法。资本来源包括普通股、优先股、债券及所有长期债务，计算时将每种资本的成本（税后）乘以其占总资本的比例，然后加总。

EAC 的计算公式为：

$$EAC = \left[\sum_{i=1}^{X} \frac{CC(i)}{(1+WACC)^i} + \sum_{i=X+1}^{X+Y} \frac{AFC(i)}{(1+WACC)^i} \right] \cdot$$

$$\frac{WACC \cdot (1+WACC)^{X+Y}}{(1+WACC)^Y - 1} \tag{1-1}$$

式（1-1）中，i 表示年份，X 是建设周期，Y 是经济寿命期，CC 是建设周期内每年的资本成本（元/兆瓦），AFC 是经济寿命期内的年固定成本（元/兆瓦）。因此，某一参考技术类型机组的 $CONE$ 为：

$$CONE = \frac{EAC}{K_{de}} \tag{1-2}$$

式（1-2）中，K_{de} 是机组的容量降级系数，即系统出现峰荷时期，机组可用容量占铭牌装机容量的比例，如某燃煤机组为 0.95。

1.1.2 平准化度电成本

平准化度电成本是用来评估发电项目投资经济可行性的一种

常用而且十分有效的手段，也常被称为平准化度电成本或度电成本。LCOE 由美国国家新能源实验室提出，它是系统整个生命周期内净现值为零时所有成本折现值之和与能源产出值折现之和的比值，其经济含义是在平准化发电成本下，项目恰好能达到最低期望收益率，项目不存在经济利润。

LCOE 方法既可以用于不同区域、不同规模、不同投资额的不同发电技术的可行性对比分析，也可以直接作为度电成本计算方法进行电力成本分析计算，其计算方法如下：

$$LCOE = \frac{I - VAT - \dfrac{D}{(1 + r)^n} + \sum\limits_{y=1}^{n} \dfrac{C(y)}{(1 + r)^{y-1}}}{\sum\limits_{y=1}^{n} \dfrac{E(y)}{(1 + r)^{y-1}}} \qquad (1-3)$$

式（1-3）中，r 代表贴现率，n 为电厂运营年限。I 代表项目初始投资成本，VAT 代表固定资产增值税抵扣额，D 代表固定资产残值，$C(y)$ 为第 y 年的成本支出，$E(y)$ 为第 y 年的发电量。I、VAT、D、$C(y)$ 及 $E(y)$ 具体计算方式如下。

初始投资成本 I 及年发电量 $E(y)$ 的计算公式为：

$$I = I_0 \times P \qquad (1-4)$$

$$E(y) = P \times H \qquad (1-5)$$

其中，I_0、P、H 分别为发电项目的单位造价、建设规模和利用小时数。成本支出 $C(y)$ 主要包括运维成本和变动成本，变动成本与发电量有关。

1.1.3　价值调整平准化成本

LCOE 是评估发电技术成本竞争力最常见的度量，最主要的优势是将所有直接成本压缩成一个单一的度量，包括一切与建设、燃料、碳价、运行和维护相关的成本，可以较好地应用在具有长生命周期的技术上。然而，LCOE 不是一个完整的竞争性度量衡，因为它并没有反映机组间接提供给系统的价值。发电技术主要提供电力、电能，但同时也提供了对于充裕度、可靠性、供电质量等十分重要的其他服务。

未来，高比例新能源渗透对系统充裕性、灵活性的需求愈发强烈，LCOE 度量的局限性使之存在改进的必要性。例如，假设有两个光伏项目，其中一个配储能，另一个没有配备，对比而言，配储能的项目 LCOE 更高，但是电池能够向电网提供辅助服务，是规划者和投资者更佳的选择。

为了公平衡量不同发电技术在系统服务上的贡献，国际能源署（International Energy Agency，IEA）提出了价值调整 LCOE 的概念。如图 1 - 3 所示，对于特定的技术，价值调整平准化成本（VALCOE）将某一年的 LCOE 与之能够提供的 3 个系统服务价值关联起来，分别为能量价值、容量价值、灵活价值。

上述三种价值的单位与平准化成本一致，均为度电价格（元/兆瓦时），具体调整量是根据特定技术价值与系统平均价值的差值确定的。当特定技术价值高于系统平均价值时，LCOE 下调两者的差值，该技术的市场竞争力得到提升，反之亦然。特定技术的 3 类价值计算方式如表 1 – 1 所示。

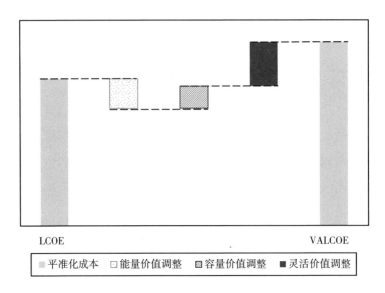

LCOE   VALCOE

▨ 平准化成本   □ 能量价值调整   ▨ 容量价值调整   ■ 灵活价值调整

图 1 – 3   价值调整示意图

表 1 – 1   特定技术价值

指标	特定技术计算方式
能量价值	1 年中单位发电量的能量市场收入
容量价值	容量信用 × 边际调峰机组净进入成本
灵活价值	1 年中单位发电量的辅助服务市场收入

根据 IEA 报告，以我国 2019 年政策环境、2025 年预计装机规模及燃料价格为模拟场景，测算得到的不同类型机组价值调整量如图 1 – 4 所示。由图 1 – 4 可知，燃气机组调整幅度最大，其特点是每年利用小时数偏少，因此拥有相对较高的 LCOE；但调峰燃机提供的电力对于系统来说是最有价值的，这些电厂积极地参与辅助服务市场并对系统充裕性有重要贡献。没有配备储能系统的光伏向上调整幅度最大，意味着对比原始 LCOE 竞争性更差。

原因是光伏出力高度集中在午间时段，使得该时段电价低，单位收入下降，同时净负荷尖峰转移到了夜间，这部分的高电价时段光伏项目反而无法受益。

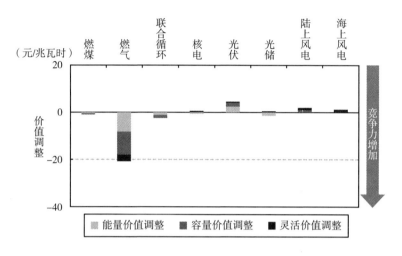

图1-4　我国典型机组价值调整结果

资料来源：国际可再生能源机构（IRENA），《发电成本预测》（2020年版）。

1.2 常规及新能源机组成本分析

1.2.1　常规机组生产成本特性

燃料消耗在火电厂投入要素中占绝对的主导地位，通常火电厂生产系统的输入—输出关系是功率 q（兆瓦）和单位时间能耗［煤耗（吨/小时）或热耗（兆焦耳/小时）］之间的函数关系。图1-5表示了常规火电厂的输入—输出关系。

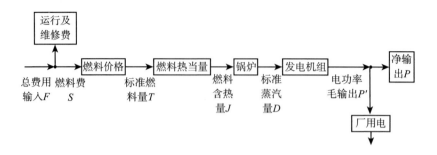

图 1-5 输入—输出关系示意图

标准蒸汽量 D 与电功率毛输出 P' 之间的关系反映了汽轮发电机组的效率；燃料含热量 J 和标准蒸汽量 D 之间的关系反映了锅炉的热效率；由 J 转为标准燃料量 T 只是一个单位换算，如 1 千克标准煤等于 7000 千卡；由 T 转为燃料费 S，需要乘以燃料的单价；此外，还需要考虑运行及维修费用，这涉及发电企业会计学中的关系。总费用 F 和 P' 之间的关系称为输入—毛输出特性，还应该考虑从 P' 抽出的厂用电部分，才能得到输入—净输出特性。

一般来说，输入—输出的关系包括以下三种：$F-P$ 之间的关系称为变动成本特性；$\mathrm{d}F/\mathrm{d}P-P$ 之间的关系称为边际（微增）成本特性；$F/P-P$ 之间的关系称为平均成本特性。

火电厂的生产函数是复杂函数，很难进行精确描述。在锅炉的经济运行区域内，其煤耗曲线为向上凹的、单调增的连续曲线。锅炉的效率为上凸的曲线，通常在锅炉额定负荷取得极大值，相应的单位煤耗为上凹的曲线，在额定负荷状态取得最小值。煤耗曲线乘以燃料价格即可得到成本曲线 $F-P$。

通常可以用多项式来拟合输入输出特性。事实上，大多数国家（地区）的电力公司都采用二次型 $F-P$ 曲线。这一方面是由于用二次曲线可使经济运行问题简化而又有足够的精度；另一方面是由于在进行曲线拟合时，如果多项式次数过高，有时反而会因高阶导数对余项的影响，使插值误差变大。当 $F-P$ 曲线为二次时，$\mathrm{d}F/\mathrm{d}P-P$ 曲线是线性直线。此时 $F-P$ 的数学表达式为：

$$F = a + bP + cP^2 \qquad (1-6)$$

如果在变动成本中考虑水费、外购电费以及运行人员的工资等费用，它们都将反映在变动成本方程的常数项中。式（1-6）中 a、b、$c > 0$，c 为边际成本曲线的斜率，b 为边际成本曲线的截距，a 为空载运行费用。边际成本曲线为：

$$MC = F' = b + cP \qquad (1-7)$$

平均成本曲线为：

$$AC = \frac{F}{P} = \frac{a}{P} + b + cP \qquad (1-8)$$

火电机组的经济负荷点常接近额定负荷。在经济负荷点，平均成本取得极小值，且等于边际成本，在经济负荷点之前，平均成本单调递减；在经济负荷点之后，平均成本单调递增。边际成本和平均成本的关系为：

$$MC(P) = \frac{\mathrm{d}(P \cdot AC(P))}{\mathrm{d}P} = AC(P) + P \cdot \frac{\mathrm{d}AC(P)}{\mathrm{d}P} \qquad (1-9)$$

由式（1-9）可知，在经济负荷点，即平均成本取得极小值时，$AC'(P) = 0$，边际成本等于平均成本。同理，可证明在平均变动成本取得极小值的地方，边际成本也等于平均变动成本，如图 1-6 所示。

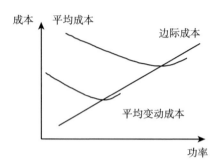

图 1-6 发电成本特性

前面讲述的生产特性针对的是已投入运行的机组，实际情况中，除了机组的发电费用特性外，还涉及启动费用特性。机组启动时，汽轮机系统要暖管、克服摩擦等，而锅炉要加温、加压，都要消耗一定的能量，也就是需要一定的费用。机组的启动费用特性有两种模型。

一种对应于机组从冷却状态启动，用指数函数表示，即：

$$F_s(\tau) = F_0(1 - e^{-\tau/a}) + F_t \qquad (1-10)$$

式（1-10）中，$F_s(\tau)$为启动费用，分为两部分，第一部分表示由冷态启动时决定于热惯性的费用（主要取决于锅炉加温加压），第二部分F_t为固定费用（主要取决于汽机启动消耗的能量及运行人员费用等），a为机组的热时间常数，τ为机组停机的小时数。

另一种对应于机组从"压火"状态（保持锅炉、汽机一定的温度）启动，用线性函数表示，即：

$$F_s(\tau) = F_0'\tau + F_t \qquad (1-11)$$

式（1-11）中，F'_0 为压火 1 小时所需的启动费用。

两种启动费用特性如图 1-7 所示。

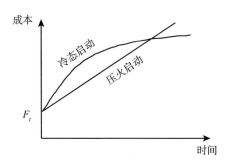

图 1-7　启动成本特性

需要指出的是，这里的费用都是广义的，必要时也可以作为煤耗量或其他标准燃料耗量，这之间通常只相差比例系数。

1.2.2　国内外电力市场常规机组成本测算方法

电力市场环境下，机组通过竞争的方式发电上网，其生产成本是否能够得到回收，完全取决于收入与提供电力服务的总成本之间的关系，即取决于其生产成本与市场价格的差值。因此，准确地核算机组成本是机组在市场环境中计算收益的关键环节。根据前面小节的分析，在实际生产过程中，机组成本根据机组运行状态可分为启动成本、固定成本、变动成本等，分别反映机组启停、资产折旧及燃料等相关费用。由于机组参数较多，对成本进行精确核算不仅在技术实现上较为复杂，而且需要结合实际生产过程。各个地区根据电力市场的发展需要推出了特点不同的机组成本测算方法。

（1）美国 PJM

在美国电网运营商（PJM）电力市场的发电成本测算体系中，发电成本主要包含开机成本、空载成本、增量成本 3 个部分，其中开机成本指的是将锅炉、涡轮机和发电机从关机状态启动到一定功率时的成本，它取决于开机的燃料类型、燃料成本、工厂用电、检修加算费用及相关人力成本等，而且开机成本也会随机组开机的温度状态而变动，分为热启动、温启动、冷启动 3 个类别。具体定义与计算方法如表 1-2 所示。

表 1-2　　　　　　　　PJM 火电机组启动成本

参数	定义	计算
热启动成本	机组热状态下开机所需要成本，机组停机 1 天定义为处于热状态	燃料相关费用 + 站内服务费用 + 额外人力费用 + 开机检修加算费用
温启动成本	机组在非热启动和非冷启动状态之外启动机组时所需要成本	
冷启动成本	机组冷状态下开机所需要成本，机组停机 2~3 天视为处于冷状态	

空载成本指的是机组维持最小技术出力所需要的成本；增量成本指的是在机组最小发电水平之上所有分段电量的单位成本，不包括空载成本，即发电机组发电的边际成本。针对化石燃料机组，主要参数包括热耗率、性能因子、燃料费用等，具体定义与计算方法如表 1-3 所示。

表 1-3　　　　　　　　PJM 火电机组变动成本

参数	定义	计算
热耗率	每产生 1 兆瓦时的电能所消耗的热量	以输入的热量除以相应的输出电能
性能因子	实际燃料消耗和理论燃料消耗或其他经测试的燃料消耗之间的比值	以实际燃料总消耗除以理论燃料总消耗
燃料费用	消耗化石燃料所产生的费用	燃料费用 + 其他燃料相关费用 + 排放成本 + 检修加算费用
空载成本	发电机维持同步转速、输出电功率为 0 所需要消耗的燃料成本	经济最小值点热输入相关成本

（2）广东电力市场

为了配合现货市场顺利运行，《广东电力现货市场机组发电成本测算办法》（以下简称《测算办法》）提出了广东省火电机组成本测算办法。《测算办法》中将发电机组成本分为启动成本、变动成本和固定成本 3 类。启动成本是指将发电机组从停机状态开机到并网产生的成本，根据燃煤机组和燃气机组的停机市场可以分别确定其启动工况标准（见表 1-4）。根据机组类型、单机容量、单次启动耗煤（气）量、耗油量及厂用电量、制水费、蒸汽费等情况核定各类型机组在不同工况下的启动成本。

表 1-4　　　　　　　　机组启动工况标准

机组类型	停机时间	启动工况
燃煤	10 小时以内	热态启动
	10~72 小时	温态启动
	72 小时以上	冷态启动

机组类型	停机时间	启动工况
燃气	24 小时以内	热态启动
	24 ~ 72 小时	温态启动
	72 小时以上	冷态启动

对于变动成本，在实际测算中，为了兼顾可行性和准确性，进一步细分为度电燃料成本、最小稳定技术出力成本、边际燃料成本。

度电燃料成本的计算公式为：

$$度电燃料成本 = 发电实际煤（气）耗 \times 到厂煤（气）价 \div (1 - 厂用电率)$$

公式中涉及机组发电能耗曲线的实测，按照机组类型和容量级别，将燃煤机组分为常规 100 万机组、常规 60 万超临界机组、常规 60 万亚临界机组、常规 30 万机组、常规 30 万以下机组、资源综合利用机组；按照地理位置，又将燃煤机组分为内陆电厂和沿海电厂两类；针对燃气机组，分为 9E 机组、9F 机组、9H 机组和大鹏液化天然气机组 4 类。按照上述分类标准分别对各类型机组进行发电能耗实测（负荷兆瓦及对应的煤耗克/千瓦时或热耗千焦/千瓦时），同一类型等级的机组按照装机容量加权得到该类型等级机组的平均能耗实测。

同理，最小稳定技术出力成本的测算方法为根据最小稳定技术出力燃料消耗，结合燃料价格，计算得到成本。

边际燃料成本的具体测算方法为：

① 获取机组发电能耗数据，即在不同出力水平下生产单位电

能量所消耗的平均燃料（千克/兆瓦时或兆焦/兆瓦时），其中必须包含最小技术出力、额定出力两个负荷点的数据；

② 将机组发电能耗值乘以对应出力水平，得到发电总能耗数据，即在不同出力水平下，生产电能量每小时所消耗的总燃料（千克/小时或兆焦/小时）；

③ 基于发电总能耗数据，拟合机组发电总能耗（千克/小时或兆焦/小时）与出力水平（兆瓦）的多项式函数关系表达式；

④ 对多项式函数关系表达式求一阶导数，得到边际燃料消耗（千克/兆瓦时或兆焦/兆瓦时）与出力水平的关系式；

⑤ 结合燃料价格，计算边际燃料成本。

（3）山西电力市场

山西现货市场进入长周期试运行结算阶段，因电力现货市场中市场力监测及机组发电补偿等环节需要，传统的发电机组成本测算方法已不适用现货市场环境机组成本测算，基于此山西制订了现货环境下机组发电成本测算方案。山西机组发电成本分为3部分，分别为启动成本、变动成本和固定成本，变动成本又分为空载燃料成本和边际燃料成本。山西机组成本测算方法考虑发电机组类型、容量等级、锅炉类型、机组冷却方式和地理位置等因素，成本测算方法如表1-5所示。

表1-5 山西电力市场发电成本测算

成本类型	测算方法
固定成本	折旧费 + 检修费 + 税费
开机成本	启动燃料费 + 启动燃油费 + 除盐费 + 启动用电费

成本类型	测算方法
空载燃料成本	① 获取实测能耗曲线 ② 天然气热值和标准煤热值折算为标准燃煤耗量 ③ 拟合发电煤耗（吨/小时）与发电出力水平（兆瓦）关系曲线 ④ 令出力为零，得到机组的空载燃料消耗（千克/小时） ⑤ 结合燃料价格计算空载成本（元/小时）
边际燃料成本	① 获取实测能耗曲线 ② 天然气热值和标准煤热值折算为标准燃煤耗量 ③ 拟合发电煤耗（吨/小时）与发电出力水平（兆瓦）关系曲线 ④ 对拟合的发电煤耗曲线求导，结合燃料价格得到边际燃料成本（元/兆瓦时）

1.2.3　新能源机组工程造价情况

新能源机组发电的变动成本接近于 0，对其成本进行分析通常关注的是初始投资的造价水平。本节首先对我国风电项目、光伏发电项目的工程造价与度电成本进行概述；其次以陆上风电项目为例具体解构风机的成本组成；最后分析了高比例新能源接入对传统平准化成本度量标准的影响。

（1）风电项目

陆上风电投资成本。2020 年下半年以来，主要装备风机的价格持续下降。2021 年 4 月，不含运费的风机价格与 2020 年峰值价格相比下降了 1400 元左右，降幅比例达到 35%。2021 年开始，陆上风电逐步进入平价时代，我国陆上风电项目平均造价降至

7100元/千瓦，部分地区已低于6000元/千瓦，与2019年的7900元/千瓦相比，有较大幅度的下降。

海上风电投资成本。由于海上风机存在抗台风、防腐蚀等各种冗余设计，成本一般是陆上风电的两倍。海上风电典型造价约为17600元/千瓦，其中海上风电机组及塔筒、施工建设成本、海缆、运营成本环节分别占初始投资的45%、27%、19%和9%；运营成本中，运维成本、贷款利息成本、税收成本分别占48%、30%和22%，不同海域成本构成会有区别。2020年，山东海上风电造价为18366元/千瓦；江苏、上海为16000元/千瓦；福建、广东为16000元/千瓦。

度电成本方面，海上风电度电成本下降迅速，陆上风电度电成本稳步下降。2020年，海上风电项目平均度电成本0.54元/千瓦时，相比2019年下降0.23元/千瓦时，同比降低29.9%；陆上风电项目平均度电成本0.24元/千瓦时，相比2019年下降0.08元/千瓦时，同比降低25.0%。陆上风电平均度电成本变化情况如图1-8所示。

图1-8　陆上风电平均度电成本

资料来源：国际可再生能源机构（IRENA），《2020年可再生能源发电成本》。

（2）光伏发电项目

光伏发电系统单位造价不断下降。光伏发电系统建设成本主要包括光伏组件、逆变器等电气设备成本和土地、电网接入、建安、管理等非电气设备成本。电气设备成本随着技术进步和规模化效益，仍有一定下降空间，在总投资中占比逐渐降低，而非技术成本诸如土地、接网等费用不同区域及项目之间差别较大，降低非技术成本有助于加快推动光伏发电平价上网。据统计，2020 年我国地面光伏初始投资成本为 3990 元/千瓦，同比下降 12.3%；工商业分布式光伏初始投资成本为 3380 元/千瓦，同比下降 12.0%。[1]

度电成本方面，光伏发电度电成本小幅下降。2020 年，光伏电站平均度电成本 0.369 元/千瓦时，比上年下降 0.003 元/千瓦时，同比下降 0.7%。光伏发电平均度电成本变化情况如图 1-9 所示。

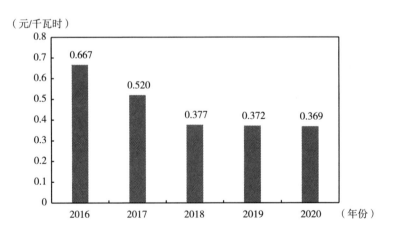

（元/千瓦时）

图 1-9 光伏发电平均度电成本

资料来源：国际可再生能源机构（IRENA），《2020 年可再生能源发电成本》。

---

[1] 数据来源：中国光伏行业协会，《中国光伏产业发展路线图》（2020 年版）。

中国 J 省机组成本测算案例

以 J 省某 1000 兆瓦燃煤机组、180 兆瓦燃气机组、典型陆上风电工程项目为例，分别计算常规火电机组的变动成本与各类型机组的平准化度电成本。

1.3.1 燃煤发电机组

（1）变动成本

1000 兆瓦燃煤机组的发电标煤耗如表 1 – 6 所示，燃煤厂用电率为 5%，含税标准煤价格为 700 元/吨。

表 1 – 6	机组不同出力水平煤耗	
机组出力（兆瓦）	发电标准煤耗（克/千瓦时）	发电煤耗（吨/小时）
1000	272.72	272.720
800	276.31	221.048
650	283.90	184.535
500	292.36	146.180

拟合表 1 – 6 中发电煤耗得到煤耗量曲线，如图 1 – 10 所示。

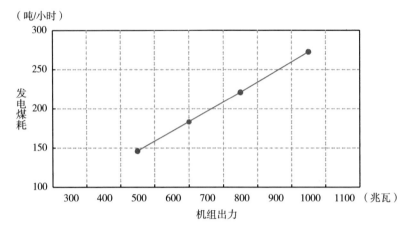

图 1 - 10　发电出力—煤耗曲线

用二次多项式拟合煤耗量曲线方程为：

$$y = 7.8e^{-6}x^2 + 0.24067x + 24.143 \qquad (1-12)$$

则平均燃煤耗量方程为：

$$\frac{y}{x} = 7.8e^{-6}x + 0.24067 + \frac{24.143}{x} \qquad (1-13)$$

边际燃煤耗量方程为：

$$y' = 1.56e^{-5}x + 0.24067 \qquad (1-14)$$

结合燃料价格，计算得到不同出力水平下变动成本、边际变动成本数据如表 1 - 7 所示。

表 1 - 7　　　　　　　　燃煤机组变动成本测算

机组出力（兆瓦）	平均变动成本（元/兆瓦时）	边际变动成本（元/兆瓦时）
1000	286.96	269.76
800	291.67	266.47
650	297.77	264.01
500	308.27	261.55

（2） 新进机组成本

燃煤机组建设周期设为 3 年，静态投资各年度比例分别为第 1 年 30%、第 2 年 40%、第 3 年 30%，其余参数如表 1 - 8 所示。

表 1 - 8	燃煤机组参数
初始投资成本（元/兆瓦）	3306000
年固定运行维护成本（元/兆瓦）	115710
运营年限（年）	20
资本金内部收益率（%）	8
等效可用系数	0.92

结合 1.1.1 节中的公式，编写程序计算得到该类型燃煤机组的 CONE 为 521758 元/兆瓦。

（3） 平准化度电成本

年利用小时数设为 5500 小时，固定资产残值率设为 5%，固定资产增值税抵扣设为 9%，结合 1.1.2 节中的公式，编写程序计算得到 1000 兆瓦燃煤机组的平准化度电成本为 359.02 元/兆瓦时。

1.3.2 燃气发电机组

（1） 变动成本

180 兆瓦燃气机组的发电气耗如表 1 - 9 所示，燃机厂用电率为 2.5%，含税燃气价格为 2.29 元/标准立方米。

表 1 - 9 机组不同出力水平气耗

机组出力 （兆瓦）	发电标气耗 （标准立方米/兆瓦时）	发电气耗 （标准立方米/小时）
180	244	45900
160	246	39840
145	249	35670
135	255	32940

拟合表 1 - 9 中发电气耗得到气耗量曲线，如图 1 - 11 所示。

（标准立方米/小时）

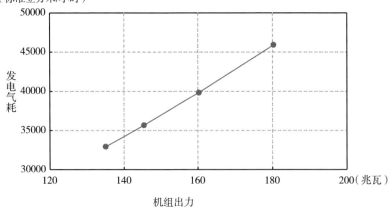

图 1 - 11 发电出力—气耗曲线

用二次多项式拟合气耗量曲线方程为：

$$y = 0.5595x^2 + 111.26x + 7738 \tag{1-15}$$

则平均燃气耗量方程为：

$$\frac{y}{x} = 0.5595x + 111.26 + \frac{7738}{x} \tag{1-16}$$

边际燃煤耗量方程为：

$$y' = 1.119x + 111.26 \qquad (1-17)$$

结合燃料价格，计算得到不同出力水平下变动成本、边际变动成本数据如表 1-10 所示：

表 1-10 燃气机组变动成本测算

机组出力（兆瓦）	平均变动成本（元/兆瓦时）	边际变动成本（元/兆瓦时）
180	598.83	734.40
160	585.17	681.83
145	577.21	642.41
135	573.36	616.13

（2）新进机组成本

燃气机组建设周期设为 2 年，静态投资各年度比例分别为第 1 年 60%、第 2 年 40%，其余参数如表 1-11 所示。

表 1-11 燃气机组参数

参数	取值
初始投资成本（元/兆瓦）	2952000
年固定运行维护成本（元/兆瓦）	103320
运营年限（年）	15
资本金内部收益率（%）	8
等效可用系数	0.92

结合 1.1.1 节中的公式，编写程序计算得到该类型燃气机

组的 CONE 为 505168 元/兆瓦,低于 1000 兆瓦燃煤机组的对应值。

(3) 平准化度电成本

年利用小时数设为 3500 小时,固定资产残值率设为 5%,固定资产增值税抵扣设为 9%,结合 1.1.2 节中的公式,编写程序计算得到 180 兆瓦燃气机组平准化度电成本为 710.11 元/兆瓦时,高于 1000 兆瓦燃煤机组的对应值。

1.3.3 利用小时数敏感性分析

在上述案例测算中,燃煤 1000 兆瓦机组在 5500 利用小时数的设定下,LCOE 为 359.02 元/兆瓦时;燃气 180 兆瓦机组在 3500 利用小时数的设定下,LCOE 为 710.11 元/兆瓦时。随着可再生能源渗透率不断上升,火电机组利用小时数将呈现下降态势,当利用小时数减少时,各类型机组的 LCOE 变化如图 1 - 12 所示。

分析可知,随着利用小时数的减少,燃煤、燃气机组的 LCOE 均呈现上升趋势。当燃煤机组利用小时数从 5500 锐减到 3500,LCOE 提高至 400 元/兆瓦时,平均每下降 100 小时成本增加 0.205 元/兆瓦时;当燃气机组利用小时数从 3500 锐减到 2500,LCOE 提高至 755 元/兆瓦时,平均每下降 100 小时成本增加 0.450 元/兆瓦时。

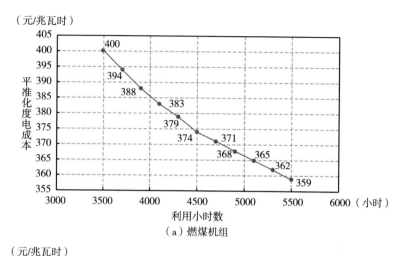

（a）燃煤机组

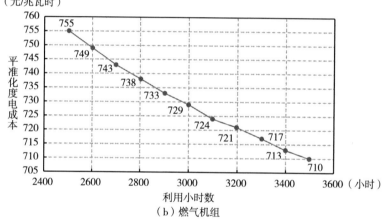

（b）燃气机组

图1-12　利用小时数对LCOE的影响

1.3.4　陆上风电机组

参考相关工程数据，陆上风电的固定资产增值税抵扣额VAT、固定资产残值D分别按初始投资额的9%、5%计算。成本支出主要包括运维成本和税收成本，税收成本与税收率、发电量和上网电价相关。陆上风电运维成本按初始投资额的 3% 计算，税收率按 13%、上网指导电价按 0.65 元/千瓦时考虑，具体参数如表 1 – 12 所示。

表 1 – 12 陆上风电机组参数

参数	取值
风电机组初始投资成本（元/千瓦）	6000 ~ 8000
运营寿命年限（年）	20
年利用小时数（小时）	2000
贴现率（%）	8
运行维护费（元）	204
固定资产增值税抵扣额（元）	612
固定资产残值（元）	340

考虑不同地形条件下陆上风电初始投资成本 6000 ~ 8000 元/千瓦，测得陆上风电度电成本为 0.364 ~ 0.486 元/千瓦时。随着电力系统灵活性的提升及网源协调推进，陆上风电机组的年利用小时数若能提升至 3000 ~ 4000 小时，则度电成本会降低至 0.222 ~ 0.289 元/千瓦时。

1.4 高比例可再生能源渗透率下系统容量补偿规模

1.4.1 高比例新能源参与市场影响分析

随着市场中新能源比例的提高，世界各国电力市场表现出了以下几个普遍问题。

(1) 弃风、弃光

由于缺乏与周边地区电网的互联和交易（如爱尔兰、西班牙），弃风、弃光问题随着新能源电网穿透率的提高而凸显。中国国家电网通过优化机组运行、检修方式，开展水火风光协调控制，积极推进弃风弃光跨区交易，新能源消纳实现了"双升双降"，但仍需进一步完善市场化交易机制，发挥市场配置资源的决定性作用，可以从根本上解决弃风、弃光问题。此外，与传统发电方式不同，大量新能源发电资源分布较为分散，市场缺乏有效消纳分布式资源的机制。

(2) 负电价及电价波动性增强

由于发电边际成本较低，大规模新能源参与电力市场会降低电价。但由于缺乏对灵活发电、用电资源的调用机制，传统机组启停成本较高，新能源发电强制上网或存在补贴，电力市场运行中会出现负电价，不利于电力系统的长期发展；且电价波动性因大规模新能源的参与而增强，市场中的金融风险增加。

(3) 价格信号低效

新能源预测精度随交易时间的临近而逐渐增高，但交易窗口过于单一，日前市场往往在交易日来临前数小时就已关闭，虽然一些国家和地区（如西班牙、德国、荷兰、北欧）开展了日内市场，但流动性依然较低。因而市场缺乏激励预测信息及时披露的机制，价格信号低效，灵活配置资源能力不足。市场价格信号能否引导各方面的投资进而保证充裕度是一个问题。

（4）新能源市场竞争力较弱

在现有电力市场机制下，新能源的不确定性使其无法在市场中准确申报电量信息，因而可能承受惩罚；而不可控性又制约了其在多时间尺度市场中策略性竞价的能力。

（5）平衡新能源成本较高

风电的波动性和不确定性增加了系统的平衡成本。目前的辅助服务市场规则主要基于传统机组制定，新能源参与辅助服务市场的限制条件较多。

如图 1－13 所示，在构建新型电力系统的目标下，未来我国电力系统的性状将由当前传统化石燃料作为"压舱石"、新能源发电作为补充，向新能源作为电网主力发电的形式转变。在此背景下需要解决以下几大问题：①传统化石燃料发电作为灵活可调节电源，能够平抑新能源发电的波动性，因此有必要长期存在，但是此类电源无法在缺乏完善的发电充裕度机制的能量市场中获得持久稳定的收益，此类电源回收投资成本问题亟待解决。②间歇性电源可提供的能量或容量相对来说是有限的且具有高度不确定性，成为电网发电主力军后，如何衡量它们支持系统规划和运行的能力？③在未来新能源高占比的电力环境下，除传统发电资源外是否存在其他资源可以被挖掘以应对系统灵活性调节的需求？

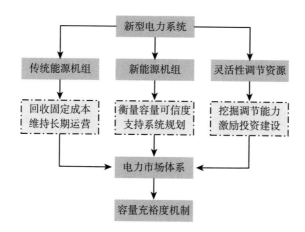

图 1-13 电力市场体系服务新型电力系统

新能源高占比带来的上述问题如何解决？关键在于既要保证存量电源的投资成本回收，又要引导适应新型电力系统发展要求的电源投资。随着我国电力体制改革的不断深化与现货市场建设的全面铺开，部分省区已暴露出强迫停电、搁浅成本遗留等问题，亟须加快引进适应我国电力市场不同发展阶段的容量充裕度机制，健全电力市场体系，支撑新型电力系统的发展。

1.4.2 我国系统容量补偿规模量化分析

计算我国 2020 年容量补偿规模，并根据 2025 年电力规划数据进行容量补偿规模预测。具体流程分为以下 4 步。

(1) 第一步：测算市场机组单位容量年化投资成本

根据工程经济学年化投资成本计算方法，通过机组固定投资成本、资金贴现率和设备使用寿命，可计算各类型市场机组单位容量年化投资成本，公式如下：

$$C_{AI} = \frac{C_I \cdot r \cdot (1+r)^T}{(1+r)^T - 1} \qquad (1-18)$$

式（1-18）中，C_{AI} 为单位容量年化投资成本，C_I 为单位容量投资成本，r 为贴现率，T 为设备生命周期，每台机组假设运行20年。

取 $r=8\%$，各类型机组的单位造价及年化投资成本如表1-13所示。

表1-13　　　　　　各类型机组年化投资成本

类型		单位造价（元/千瓦）	数据来源	年化投资成本（元/千瓦/年）
煤电	35万千瓦	4287	《中国电力行业投资发展报告（2021年）》	436.6
	66万千瓦	3539		360.5
	100万千瓦	3222		328.2
水电	常规	10666		1086.4
核电	阳江、台山核电厂均值	13194		1343.8
风电	陆上	7000		713.0
	海上	15700		1599.1
光伏	集中式、分散式平均	3990		406.4
气电	9F级、9E级平均	2431	火电工程限额设计参考造价指标（2019年水平）	247.6

（2）第二步：计算运行年需回收的总容量成本

根据机组单位容量年化投资成本和运行年有效容量，计算机组当年需回收的总容量成本。为计算机组有效容量，整理我国常规机组的等效可用系数、新能源机组的容量系数如表 1 – 14 所示。

表 1 – 14　　　　　　　　　机组等效可用系数

类型	等效可用系数/容量系数（%）	数据来源
1000 兆瓦燃煤	91.77	《2020 年全国电力可靠性年度报告》
600 兆瓦燃煤	93.17	
300 兆瓦燃煤	93.25	
200 兆瓦燃煤	93.74	
超临界及以上燃煤	92.63	
100 兆瓦以上燃气	93.16	
常规水电	94.16	
核电	92.38	
陆上风电	33	*IRENA Power Generation Cost 2020*
海上风电	37	
光伏发电	16	

根据 2020 年全国装机数据、2025 年装机预测数据，计算得到需回收的总容量成本（见表 1 – 15、图 1 – 14）。

表 1 – 15　　　　　　　**2020 年和 2025 年装机容量**

类型	2020 年装机容量（兆瓦）	2025 年装机容量（兆瓦）
燃煤	1079920	1220000
燃气	98020	161000
核电	49890	72890
水电	338660	388550
陆上风电	272530	400000
海上风电	9000	120000
光伏	252430	560000

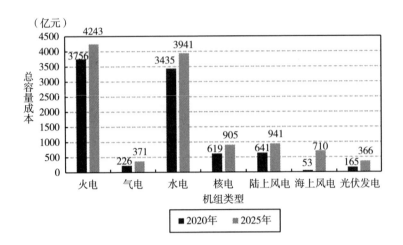

图 1 - 14　2020 年和 2025 年容量成本

分析可知，与 2020 年相比，2025 年我国电力系统各类型机组的容量成本均实现增加，平均增量为 368.8 亿元。不同类型机组的比较中，海上风电容量成本的上升比例最高，达到 1233%；水电容量成本的上升比例最低，仅为 14.7%。

（3）第三步：估算运行年的能量、辅助服务市场净收益

根据 2020 年机组装机容量、利用小时数、平均上网电价、度电可变成本，计算 2020 年各类型机组的发电净收益（见表 1 - 16）。

表 1 - 16　　　　　　　　　2020 年机组发电净收益

机组类型	利用小时数 （小时）	平均上网电价 （元/兆瓦时）	可变成本 （元/兆瓦时）	发电净收益 （亿元）
煤电	4216	359	230	5873.3
气电	3500	622	594	96.4
水电	3827	253	0	3279.0

机组类型	利用小时数 （小时）	平均上网电价 （元/兆瓦时）	可变成本 （元/兆瓦时）	发电净收益 （亿元）
核电	7427	391	65	1207.9
风电	2073	322	0	1879.2
光伏	1281	342	0	1105.9

进一步估算 2025 年的平均上网电价，假设发电机组均按照现货市场价格结算，且现货市场以小时为单位出清。根据 2025 年预测运行方式，将每个时段边际机组的变动成本作为系统出清价格，由此计算典型周的平均电价。根据预测，随着碳配额价格的传导，2025 年典型周的边际定价机组均为煤电机组，为了形成精细化的电力价格，按照 2020 年燃煤机组各容量等级占比推导 2025 年煤电装机结构，机组容量比例及其供电煤耗如表 1 - 17 所示。

表 1 - 17　　　　　　2025 年煤电装机结构预测

容量等级 （兆瓦）	容量比例 （%）	供电标准煤耗 （克/千瓦时）	数据来源
1000 以上	14.5	284.2	《中国电力统计 年鉴 2021》
600 ~ 1000	37.3	302.3	
300 ~ 600	3.1	299.8	
200 ~ 300	40.6	303.8	
100 ~ 200	3.5	294.7	
60 ~ 100	1.0	313.3	

假设含税标煤价 800 元/吨、碳价格 50 元/吨二氧化碳，根据供电碳排放基准值计算不同容量等级燃煤机组的变动成本如表 1 - 18 所示。

表 1 - 18　　　　　　　　　　不同容量等级煤电成本

容量等级 （兆瓦）	燃料成本 （元/兆瓦时）	供电基准值 （吨二氧化碳/兆瓦时）	碳成本 （元/兆瓦时）	变动成本 （元/兆瓦时）
1000 以上	227.36	0.877	43.85	271.21
600 ~ 1000	241.84	0.877	43.85	285.69
300 ~ 600	239.84	0.877	43.85	283.69
200 ~ 300	243.04	0.979	48.95	291.99
100 ~ 200	235.76	0.979	48.95	284.71
60 ~ 100	250.64	0.979	48.95	299.59

按照变动成本从低到高的优先顺序进行机组组合，模拟得到春、夏、秋、冬四季典型周平均小时电价分别为 284.87 元/兆瓦时、284.28 元/兆瓦时、284.27 元/兆瓦时、285.52 元/兆瓦时，年平均电价为 284.74 元/兆瓦时。因此，2025 年各类型机组的发电净收益预测情况如表 1 - 19 所示。

表 1 - 19　　　　　　　　　2025 年机组发电净收益预测

机组类型	利用小时数 （小时）	平均上网电价 （元/兆瓦时）	变动成本 （元/兆瓦时）	发电净收益 （亿元）
煤电	4351		283.18	82.8
气电	5029		613.50	- 2661.9
水电	4131		0	857.4
核电	8064	284.74	65	6885.0
陆上风电	2058		0	2344.0
海上风电	2058		0	703.2
光伏	1417		0	2259.5

辅助服务净收益按照美国 PJM 容量市场的预测方法，以"元/兆瓦/年"为量纲估算各类型机组的辅助服务净收益。PJM 平均电价约为 0.05 美元/千瓦时，辅助服务成本占电价比例约为

15%，即 0.0477 元/千瓦时，根据文献假设该地区辅助服务净收益为 10000 美元/兆瓦/年，即 63651 元/兆瓦/年。由 3.3.4 节测算结果可知，我国度电辅助服务成本约为 0.015 元/千瓦时，因此合理推算机组辅助服务净收益为 63651×0.015/0.0477 = 20016 元/兆瓦/年。

（4）第四步：计算系统容量补偿规模

由各类型机组的总容量成本减去能量、辅助服务净收益，得到每类机组所需的容量补偿费（若为负数则计零），加总计算系统容量补偿规模。考虑水电、核电、风电、光伏发电等机组受国家补贴政策支持，价格机制中已经考虑了前期投资成本的回收，全系统的容量补偿规模仅考虑煤电机组、气电机组的情况（见表 1 - 20）。

表 1 - 20　　　　　　2020 年和 2025 年容量补偿规模

年份		2020 年	2025 年
总容量成本（亿元）		3982.3	4614.8
待补偿成本（亿元）	煤电	0	3916.4
	气电	110.1	3001.0
容量补偿规模（亿元）		110.1	6917.4
度电容量补偿成本（元/千瓦时）		0.0015	0.061

由以上结果可知，随着可再生能源渗透率不断提高、电力现货市场建设成熟，火电机组的容量成本回收缺口急剧扩大，全国总容量补偿规模从 2020 年到 2025 年增加了 61 倍，度电容量补偿成本大幅提高了 0.0595 元/千瓦时。

第2章

Chapter Two

促进容量成本回收的
市场化机制研究

在完全竞争电力市场中,发电机组的最优报价策略是按照边际成本报价。对中标的非边际机组而言,边际电价高于发电成本,可以回收部分固定成本;对运行成本较高的边际机组而言,系统出清电价和运行成本相接近,固定成本不能完全回收,不足的部分被称为"missing money"。最早由哈佛大学著名电力市场专家威廉·霍金(William Hogan)教授总结提炼。理论上,边际机组也是可以回收成本的。当发电容量严重不足时,市场会频繁出现稀缺电价,从而使边际机组的能量收益可以覆盖投资成本。但是为了保证电力系统安全,大部分地区都强制使装机容量达到一定充裕度;另外,为了限制市场动力,均设置了远低于稀缺价值的价格帽。随着电力低碳发展,高比例消纳可再生能源不仅导致批发电价降低，而且使传统能源发电利用小时数减少。从长期来看，这种情况不利于引导边际机组的投资，增加了灵活性调节资源提前退役的风险，对发电容量的充裕度形成了挑战。

2.1 我国电源容量成本回收机制

2015 年，《关于推进电力市场建设的实施意见》要求在条件成熟时，探索开展容量市场交易。此后在云南、四川等清洁能源占比较大的省市，火电企业的生存率率先暴露出了问题，这些省市先后制定了一系列的补偿措施，帮助火电企业回收固定成本。2019～2020 年，国家多次发文要求加快建立容量补偿机制（主要面向燃煤机组），保障长期电力供应安全。山东、广东等煤电占比较高、火电企业成本回收问题突出的首批电力现货试点地区相继出台了针对火电机组的容量补偿方案。以时间为顺序，中国促进容量成本回收的相关政策梳理如表 2－1 所示。

表 2－1　　　　　中国促进容量成本回收相关政策

时间	区域	政策	容量成本回收相关内容
2015 年	全国	《关于推进电力市场建设的实施意见》	在条件成熟时，探索开展容量市场交易
2017 年	云南	《云南电力市场化交易实施方案》	建立火电长期备用服务机制，支持火电机组正常维护
2017 年	四川	《四川省电力市场建设试点方案》	现货市场建立前探索实行煤电机组两部制电价或补偿方案，现货市场建立后煤电机组通过参与长期备用服务市场化机制来回收固定成本

续表

时间	区域	政策	容量成本回收相关内容
2019 年	全国	《关于深化电力现货市场建设试点工作的意见》	加快研究、适时建立容量补偿机制或容量市场，提高电力系统发电容量的长期供应保障能力
2019 年	全国	《关于深化燃煤发电上网电价形成机制改革的指导意见》	对于燃煤机组利用小时数严重偏低的省份，可建立容量补偿机制，容量电价和电量电价通过市场化方式形成
2020 年	全国	《电力中长期交易基本规则》	对于未来电力供应存在短缺风险的地区，可探索建立容量市场，保障长期电力供应安全；对于燃煤机组利用小时严重偏低的省份，可建立容量补偿机制
2020 年	山东	《关于电力现货市场燃煤机组试行容量补偿电价有关事项的通知》	容量市场运行前，参与电力现货市场的燃煤发电机组试行容量补偿电价；容量市场运行后，燃煤发电机组通过容量市场收回固定成本
2020 年	广东	《广东电力市场容量补偿管理办法》	按照容量度电分摊标准按月向售电公司和大用户收取容量电费，根据市场机组有效容量占市场机组总有效容量的比例补偿给各机组
2022 年	全国	《关于加快建设全国统一电力市场体系的指导意见》	因地制宜建立发电容量成本回收机制。引导各地区根据实际情况，建立市场化的发电容量成本回收机制，探索容量补偿机制、容量市场、稀缺电价等多种方式，保障电源固定成本回收和长期电力供应安全。鼓励抽水蓄能、储能、虚拟电厂等调节电源的投资建设

2.2 容量充裕度机制国际经验

从国际上电力现货市场化的国家和地区来看，为了解决上述

"missing money"问题推行的发电容量充裕度机制主要包括容量市场机制、稀缺定价机制、可靠性期权机制、容量补偿机制、战略备用机制等。不同机制特点的详细比较如表2-2所示。

表2-2　　　　　　　　　　　典型充裕度机制对比

机制	分类	市场化程度	实施难度	应用地区/单位
容量市场	基于容量	高	偏难	英国、PJM、ISO-NE、MISO、NYISO
战略备用	基于容量	中	适中	比利时、德国、瑞典
容量补偿	基于价格	低	偏易	西班牙、智利
分散义务	基于容量	高	适中	法国、CAISO、SPP、澳大利亚SWIS
稀缺定价	单一能量市场	高	适中	ERCOT、澳大利亚NEM
可靠性期权	单一能量市场	高	偏难	意大利、爱尔兰

2.2.1　容量市场

容量市场（capacity market / central buyer）是由一个中央机构确定系统需要的总容量，并通过集中竞标采购所需容量的机制，包括现有存量和新建增量（目标年计划投产）的各类型容量资源，按照规定将铭牌容量折算为有效容量，在拍卖年（提前于目标年）开展技术中立的竞价，出清形成目标年的有效容量价格。每个主体有效容量乘以有效容量价格即为目标年容量费用。

英国在2014年引入容量集中拍卖，通过交付期提前4年（T-4）和1年（T-1）的拍卖进行市场出清，在2018~2019年冬季实现了第一次交付。2016年的T-4拍卖中，储能首次中标，约占合同容量的6%；首次三个T-4拍卖的数据表明，英国容量市场对需求响应（占合同量 0.4% ~ 2.5%）和新机组（4.2% ~ 6.5%）投资的激励效果比较有限。

ISO-NE 和 NYISO 是美国最早启用容量市场的区域电力市场，分别在 1998 年、1999 年开始运营。此后，PJM（2007 年）和 MISO（2009 年）也相继引入容量市场机制。这 4 个电力市场的共同特点是采取了分区采购的形式，从而解决区域内输电容量的限制；不同点是拍卖机制的设计，其中 PJM 和 NYISO 使用统一定价，而 ISO-NE 和 MISO 使用下降时钟型（descending clock）荷兰式拍卖。此外，ISO-NE 是唯一将容量期权（capacity option）与金融看涨期权捆绑在一起的，而 NYISO、PJM 和 MISO 则开展了远期容量市场。各市场的机制设计简要对比如表 2 - 3 所示。

表 2 - 3　　　　　　　　美国容量市场机制设计对比

指标	PJM	ISO-NE	NYISO	MISO
	可靠性定价模型（reliability pricing model）	远期容量市场（forward capacity market）	装机容量市场（installed capacity market）	规划资源拍卖（planning resource auction）
需求曲线形态	倾斜	倾斜	倾斜	垂直
价格帽参数	新机组净成本	新机组净成本	新机组净成本	新机组总成本
分区数量	9	3	4	10
拍卖提前年限	3 年	3 年	1 个月	2 个月
容量市场最低报价规则	有	有	有	无
日前市场必须报价（must-offer）要求	有	有	有	有
实时市场必须报价要求	无	有	无	无

2.2.2　战略备用

战略备用（strategic reserve）机制是指将一部分发电容量置于电量市场以外，通常采用招标的机制进行特定规模的购买。备用容量仅在满足特定条件的情况下运行，如现货市场容量短缺或价格结算高于特定电价，成本分摊通常通过输电费用或者平衡费用等方式收取。

比利时和瑞典均建立了战略储备机制，以应对冬季的需求高峰。比利时的战略备用容量是通过竞争性招标获得的，计划退役的电厂容量必须参与该市场竞争。瑞典的战略备用激活次数更加活跃，据统计，2013年和2014年的年度相关成本分别约为1400万欧元和1300万欧元，远低于电力稀缺的估计成本9000万欧元。

德国从2017年开始，TSO通过定期的、竞争性、透明和非歧视性的招标方式共同采购从2018/2019年冬季开始的交付期为两年的战略备用容量。备用容量供应商提交其希望获得的年度报酬的报价，最高不超过每年10万欧元/兆瓦，并根据其报价进行采购，直到满足2000兆瓦的容量总需求。中标的备用容量供应商按照招标中的最高中标价格（出清价）获得补偿（pay-as-cleared）。此外，对于备用容量被调用时产生的发电成本，将提供额外的补偿。

2.2.3 容量补偿

容量补偿（capacity payment）可以分为定向（targeted）和全市场（market-wide）的，定向容量补偿是系统运营商通过设置固定价格的方式向特定的市场主体（如特定的机组类型或新建机组）购买容量，而全市场的容量补偿由监管机构设定补偿标准，直接向市场中所有符合条件的容量提供者支付容量费用。

西班牙最初在 1997 年就引进了定向容量补偿，于 2007 年进行了重新设计以适应欧洲的法律。西班牙的补偿机制通过提供为期 10 年的固定容量费来降低长期投资风险，并且通过与特定的峰荷电厂签订 1 年或更短的合同来确保中期的容量充裕性。2012 年以来，由于经济危机造成国内电力需求下降，激励投资的长期容量补偿费呈现减少趋势。

智利在 20 世纪 80 年代的电改中便开始推行全市场容量补偿。智利的现货市场中，发电企业上报运行成本而不报价，安全约束经济调度以发电总成本最小为目标进行。为了帮助边际机组回收固定成本，监管机构通过设定容量补偿标准、计算有效容量来直接支付补偿费用。容量价格等于系统峰荷时段运行的柴油燃机的投资成本。这个成本包括燃机的成本、接入电网所需的输电线路成本，并最终折算为年化值。

2.2.4　分散义务

分散义务（de-central obligation）机制下，电力市场上的各种参与者都被要求为容量市场的实施作出贡献，监管机构为认证的容量分配了一定数量的证书，分配额度与减少电力系统故障风险的贡献相匹配。大用户或电力供应商有义务根据其未来消费或供应量，自我评估需要提供或者削减的发电容量，并获得签发的容量证书，再加上一个储备保证金。通过出售容量证书来实现可靠性容量和需求响应的价值，如果供应商或消费者未按照合同规定的水平履行容量供应或者削减，他们将受到经济处罚。

2015 年，法国开始实施分散义务机制并于 2017 年首次交付，所有负荷服务商都必须持有一定数量的证书，反映所代理消费者在需求高峰时期（冬季极端条件）的用电份额。容量义务证书通过证明持有的发电和需求侧容量来获取，并允许在二级市场上进行交易。法国的分散义务机制是欧洲第一个明确将外国容量纳入补偿范围的，但需要受到高峰时段联络线的传输限制。

自 2000 年电力危机以来，资源充裕性一直是美国加州能源政策关注的重点。加州独立系统运营商 CAISO 与公用事业委员会（CPUC）、地方监管机构合作，严格制定系统容量、区域容量、灵活容量的充裕性要求。每个特定的负荷服务商需要根据每月的峰值负荷预测（基于两年一遇的峰荷预测），加上一定的备用裕度（通常为 15%）进行容量采购。

2.2.5　稀缺定价

稀缺定价（scarcity pricing）机制允许电力稀缺情况下的电能量价格远高于机组的可变成本，其中高于可变成本的部分为稀缺收益，发电机组可以从中回收部分固定成本。稀缺价格可以通过市场主体的报价形成，也可以通过政府或监管机构事先设定的备用需求曲线形成。

澳大利亚南部的国家电力市场（national electricity market, NEM）采用稀缺定价机制，现货市场只有实时市场，没有日前市场，从日前16:00 开始对次日交易进行滚动预出清并向市场主体发布出清结果。实时市场的发电侧报价为纯电量形式，不区分启停、空载和可变成本，按照 0.002% 的可靠性标准计算出来的报价上限为 13800 澳元/兆瓦时。此外，为了帮助市场主体规避高电价风险，NEM 存在一类特殊的电力金融合同——单向封顶差价合约，该合约的本质理念是，合同双方约定一个执行价格，保证电能量价格不高于该执行价格。执行价格通常约等于峰荷机组可变运行成本。

美国得州电力市场采取的是基于备用需求曲线（reserve demand curve）的稀缺定价机制。2014 年，ERCOT 引入了实时备用价格增量（real-time reserve price adder, RTRPA），2015 年，引入了可靠性部署价格增量（real-time reliability deployment price adder, RTRDPA）。美国得州现货市场包括日前市场和实时市场，但没有滚动预出清。美国得州现货市场的发电电能量报价由启动

成本、空载成本和可变成本部分组成。可变成本的报价上限为
9000 美元/兆瓦时，远高于实际发电的可变成本。得州实时市场
的电能量结算价格除了市场出清得到的节点边际价格外，还包括
市场运营机构事后计算的价格增量。价格增量包括备用价格增量
和可靠性价格增量，能够进一步反映电能量市场的稀缺信号。

2.2.6　可靠性期权

可靠性期权（reliability option）是一种金融产品，属于看涨
期权。期权的买方向卖方支付保费，赋予期权买方按照约定的执
行价格执行合同的权利。期权卖方一般为发电机组，买方可以是
市场运行机构（集中式）或负荷服务实体（分散式）。当市场参
考价格（日前或平衡市场价格）高于执行价格时，期权卖方需要
将正差值收益支付给买方。

意大利于 2011 年对可靠性期权机制进行初步设计，拍卖方
式为下降式时钟拍卖，产品分为四类：①主拍卖，1 年 1 次；
②补充拍卖，作为容量机制初期实施的过渡机制；③调整拍卖，
此时临近合同交付期，便于容量供应商调整头寸或者市场运营机
构根据最新数据调整容量需求；④二级市场，执行先到先得的连
续拍卖，用于容量供应商在临近交割期调整头寸。意大利可靠性
期权的执行价格每月计算 1 次，由输电系统运营商根据参考峰值
发电机组的可变成本确定，通常为 CCGT 类型。意大利电力市场
设置了稀缺定价，上限设为 3000 欧元/兆瓦时。

爱尔兰在 2014～2015 年选用可靠性期权机制，不同于意大利

的下降型时钟拍卖，爱尔兰采用的是简单的密封拍卖（sealed-bid auction）模式。系统运营商对每个容量年进行 1 次 T－4（提前 42～54 个月）拍卖，如果有特殊需求，也可以进行 T－3（提前 29～41 个月）拍卖、T－2（提前 14～28 个月）拍卖或 T－1（提前 2～13 个月）拍卖。此外，设置二级市场，以供主体进行合同转让。与意大利类似，爱尔兰也配合可靠性期权设置了稀缺定价，进一步增大可靠性期权不可用时的隐式惩罚，价格上限为 11000 欧元/兆瓦时。

美国 PJM 容量市场

2.3.1 市场机制发展概况

PJM 容量市场的发展可分为三个阶段。市场化改革前，PJM 要求负荷服务商必须通过拥有、购买和双边合同等形式，获得满足其峰荷和备用需要的发电容量，否则将被处以罚款。1999 年，PJM 建立了容量信用市场（capacity credit market），负荷服务商通过日前、月度和多月的容量拍卖来满足其容量义务。实施结果表明，不到 10% 的 PJM 需求容量在拍卖市场中出清，其余由自备发电和双边合约补足；除了少数几个尖峰外，平均容量价格低。2007 年，PJM 建立了可靠性定价模型。

如图 2－1 所示，RPM 通过多拍卖的形式运转。基础剩余拍卖提前 3 年采购资源，将成本按分区分摊给负荷服务商；增量拍卖在基础剩余拍卖后至少开展3次，采购额外的资源满足市场的动态变化；条件增量拍卖在关键输电线路建设延迟时启用；双边市场为容量资源弥补错失拍卖的机会，也为负荷服务商提供对冲容量价格的机会。

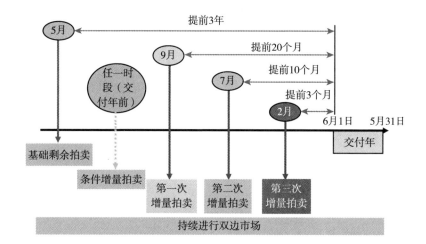

图2－1　多拍卖机制

总之，基于RPM的容量市场设计提供了一种远期机制，以透明的方式持续地评估可靠性要求，为发电、需求响应、能源效率、价格响应需求和输电升级方案提供现金流，从而激励投资。

2.3.2　关键设计1：需求评估与义务分摊

（1）资源充裕度评估

作为一个区域输电组织（regional transmission organization，RTO），PJM需要预测负荷并公开满足可靠性标准所需的资源量。

PJM 每年都会对未来 11 年的资源充裕度进行评估，评估考虑了负荷预测的不确定性、发电容量资源的强迫停运及计划停运和检修停运等因素。PJM 的可靠性标准是失负荷期望（loss-of-load expectation，LOLE）不高于 10 年 1 天，满足可靠性标准的资源需求称为可靠性要求（reliability requirement），表示为峰值负荷时的装机备用裕度（installed reserve margin，IRM）。

PJM 的可靠性要求分为系统级、区域级，系统级指的是全 RTO 地区可靠性要求，区域级指的是考虑输电限制后的节点交付区域（locational deliverability area，LDA）的可靠性要求。

① RTO 可靠性要求。RTO 可靠性要求的计算公式如下：

$$R_{RTO} = (Load_{RTO} \times FPR) - \sum O_{FRR} + A_{EE} - A_{PRD} \qquad (2-1)$$

式（2-1）中，R_{RTO} 是 RTO 可靠性要求，$Load_{RTO}$ 是 RTO 峰值负荷预测，FPR 是电力库需求预测（forecast pool requirement，FPR），O_{FRR} 是固定资源需求（fixed resource requirement，FRR）的容量义务，即负荷商不参与容量市场，而提交一份容量计划证实其完成了相关义务的替代方式；A_{EE} 是能效资源调整量；A_{PRD} 是价格响应型需求侧资源的调整量。

在 RTO 的可靠性要求计算中，电力库需求预测（FPR）是考虑等效强迫停运率（equivalent demand forced outage rate，EFORd）后的系统裕度要求。EFORd 是衡量发电机组在需要运行时，部分或全部设备发生故障的概率。EFORd 衡量的是需求期的强迫停运率，不包括计划停运或维护停运。需求期是指发电机正在运行或需要运行的时期。EFORd 计算使用历史性能数据，包括等效强迫停运小时数、服务小时数、平均强迫停运持续时间、平均运行时间、机组启动之间的平均时间、可用小时数和周期小时数。

发电机组的有效容量或自然容量（unforced capacity，UCAP），即是在额定装机容量（installed capacity，ICAP）的数值上考虑等效强迫停运率转化而来：

$$UCAP = ICAP \times (1 - EFORd) \qquad (2-2)$$

为了能用有效容量来表示装机备用裕度（IRM），在计算电力库需求预测 FPR 时就必须考虑所有发电机组的强迫停运率，或全电力库平均 EFORd。计算公式为：

$$FPR = (1 + IRM) \times (1 - EFORd_{avg}) \qquad (2-3)$$

式（2-3）中，$EFORd_{avg}$ 表示全电力库平均 EFORd，是在过去 5 年数据的基础上，根据系统中所有机组装机容量、预期运行时间进行加权后计算所得的 EFORd 平均值，交付年内所有预计可投入运行的机组均计算在内。PJM 容量市场近 5 年各机组的 EFORd 取值如表 2-4 所示。

表 2-4　　　　　　　　　　各类型机组 ERORd　　　　　　　　单位：%

项目	2017 年	2018 年	2019 年	2020 年	2021 年
燃煤	11.4	11.0	10.1	8.6	11.8
联合循环	2.7	2.1	2.7	3.9	3.8
燃气	5.4	6.2	5.3	4.3	5.5
燃油	7.0	6.7	7.6	7.7	11.6
水电	3.4	3.5	2.0	5.7	10.7
核电	0.5	0.8	0.6	1.4	1.1
其他	13.7	9.2	9.2	19.5	17.3
合计	6.5	6.1	5.5	6.3	7.3

因此，可以得到由峰值负荷预测定义的两种系统容量要求：

$$装机容量要求 = (1 + IRM) \times 峰值负荷预测$$

$$有效容量要求 = FPR \times 峰值负荷预测$$

一个简单的例子：

假设某电力系统峰值负荷为 261 兆瓦，装机备用裕度 $IRM = 15\%$，系统可用资源为 3 台装机容量 $ICAP$ 为 100 兆瓦的机组，等效强迫停运率 $EFORd$ 分别为 4%、6%、8%。计算电力库需求预测 FPR 为：

$$(1 + 15\%) \times \left(1 - \frac{4\% + 6\% + 8\%}{3}\right) = 1.081$$

因此有效容量要求：$1.081 \times 261 = 282MW$

计算三台机组可以提供的有效容量 $UCAP$。

第 1 台：$100 \times (1 - 4\%) = 96MW$

第 2 台：$100 \times (1 - 6\%) = 94MW$

第 3 台：$100 \times (1 - 8\%) = 92MW$

合计系统有效容量为 $96 + 94 + 92 = 282MW$，因此 3 台机组可以满足系统有效容量要求。

② LDA 可靠性要求。在确定符合 PJM 可靠性标准的 IRM 时，通常假设 RTO 内部输电容量充足、电力能在不受输电限制的情况下输送到任何节点，这种方式有助于界定最小可能装机备用裕度。然而，由于实际中可能存在的输电限制，在确定 RTO 级别的 IRM 后，还要进行交付性测试。PJM 将 RTO 划分为 9 个不同的子区域 LDA，当某个 LDA 无法满足容量可交付性测试时，称为受限

制 LDA，受限制 LDA 需要单独设置可靠性要求，单独进行容量市场出清。

容量可交付性测试分为两步。第一步，根据发电可靠性评估模型，确定满足 $LOLE = 1$ 天/25 年时，各 LDA 所需的目标进口输电容量。该需求称作"容量紧急输送目标（capacity emergency transfer objectives，CETO）"，单位为兆瓦，值为有效容量。第二步，根据输电分析模型，确定各 LDA 实际的进口输电容量极限。该上限值称作"容量紧急输送极限"（capacity emergency transfer limits，CETL），单位为兆瓦，值为有效容量。

PJM 将满足 $CETL \leq 1.15CETO$ 的 LDA 定义为受限制 LDA。受限制 LDA 的可靠性要求计算公式为：

$$R_{LDA} = UCAP_{in} + CETO_{LDA} - (\min FRR_{in} + A_{EE} - A_{PRD}) \quad (2-4)$$

式（2-4）中，R_{LDA} 表示受限制 LDA 可靠性要求，$UCAP_{in}$ 表示 LDA 预期内部容量，$CETO_{LDA}$ 表示 LDA 的 $CETO$ 目标容量，$\min FRR_{in}$ 表示 LDA 内部最小 FRR 规划容量。

（2）容量义务分摊

经过资源充裕度评估得到的所需容量称为容量需求，PJM 在多拍卖中实际采购得到的容量称为容量义务，这部分义务必须准确地分摊到各个负荷服务商（LSE）上，以便市场出清的结果得到物理实现。容量义务是以有效容量 UCAP 为单位计算的。

① 基础 UCAP 义务。RTO 的基础 UCAP 义务在基础剩余拍卖出清后确定，并与出清结果同时公布。RTO 的基础 UCAP 义务等

于基础剩余拍卖中满足的 UCAP 义务的总和。基础剩余拍卖中满足的 RTO 地区 UCAP 义务用来确定区域 RPM 的基础缩放因子。

区域 UCAP 义务是基于 RTO 的 UCAP 义务、区域峰值负荷预测来确定的。在 RPM 的分区中，受限制 LDA 的资源需求可能高于基于容量裕度的资源需求，这些超额需求会影响区域的出清价格，但不会影响区域 RTO 义务的分配。基础区域 UCAP 义务的计算公式为：

$$BO_{zonal} = sL_{y-4} \times BF_{scaling} \times FPR \qquad (2-5)$$

式（2-5）中，sL_{y-4} 是交付年前 4 年的区域天气标准化夏季峰荷（zonal weather normalized summer peaks），$BF_{scaling}$ 是区域 RPM 的基础缩放因子。

② 最终 UCAP 义务。RTO 的最终 UCAP 义务在最后一次增量拍卖出清后确定，等于所有拍卖中成交的 UCAP 义务，等于 PJM 在 RPM 多拍卖中的购买量减去售出量：

$$FO_{RTO} = \sum Buy_{PJM} - \sum Sell_{PJM} \qquad (2-6)$$

区域最终 UCAP 义务根据峰荷预测比例进行分配：

$$FO_{zonal} = \left(\frac{L_{zonal}}{L_{RTO}} \right) \times FO_{RTO} \qquad (2-7)$$

式（2-7）中，L_{zonal} 是最终区域峰值负荷预测，L_{RTO} 是最终 RTO 峰值负荷预测。

③ RPM 区域缩放因子。RPM 区域缩放因子作为 RPM 拍卖的计算结果，在整个交付年中保持不变。基础区域缩放因子在基础

剩余拍卖后决定，最终区域缩放因子在最后一次增量拍卖后决定。这些比例因子体现了从上一年夏季到交付年的负荷增长，并代表了在完全满足基于容量裕度的要求后，仍然所需的额外资源。

确定 RPM 区域缩放因子需要用到的参数包括基础及最终的 RTO 地区 UCAP 义务、区域峰值负荷预测、电力库预测需求（FPR）及区域天气标准化夏季峰值。多个区域天气标准化夏季峰值的重合叠加将形成 RTO 地区的天气标准化夏季峰值。

计算 RPM 区域缩放因子是为了根据每日峰荷义务进一步确定区域中 LSE 每日 UCAP 义务。

基础区域缩放因子及最终区域缩放因子如下式所示：

$$BF_{scaling} = \frac{L_{zonal}}{sL_{y-4}} \times \frac{BO_{RTO}}{L_{RTO} \times FPR} \tag{2-8}$$

$$FF_{scaling} = \frac{FO_{zonal}}{sL_{y-1} \times FPR} \tag{2-9}$$

式（2-9）中，sL_{y-1} 为交付年前 1 年的天气标准化夏季峰值。

④ 峰值负荷义务。LSE 的峰值负荷义务是以 UCAP 衡量的，由所属的 PJM 配电公司（electric distribution company，EDC）根据前序夏季的峰荷（标准化）进行分配。

具体到每日 UCAP 义务（daily unforced capacity obligations），首先由 EDC 负责把交付年内每个 LSE 的峰值负荷义务上传到容量交易系统中，截止时间为运行日前 36 个小时。区域内所有 LSE 的每日峰值负荷义务总和必须等于 EDC 分配的总量。由于 EDC 提交的负荷预测不可能恰好等于 PJM 分配给各个区域的峰荷量，因此，需要计算每日峰荷义务缩放因子：

$$DF_{scaling} = \frac{AO_{zonal}}{\sum O_{EDC}} \qquad (2-10)$$

式（2-10）中，AO_{zonal} 为某区域分配到的峰荷义务，O_{EDC} 为 EDC 提交的峰荷义务。

LSE 的每日 UCAP 义务由峰值负荷义务 O_{PL} 调整得到：

$$UO_{LSE} = O_{PL} \times DF_{scaling} \times FPR \qquad (2-11)$$

完整的负荷容量义务确定流程如图 2-2 所示。

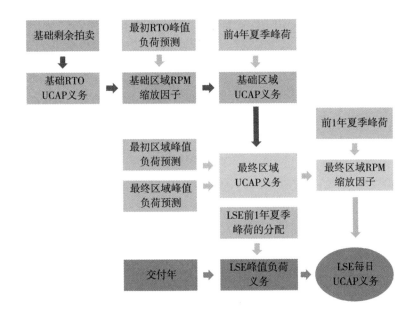

图 2-2　负荷义务确定流程

（3）容量转移权

如前面所述，受限制 LDA 在拍卖出清的过程中采用的是单独的 VRR 曲线。为了实现尽可能高的可靠性，LDA 的出清价格通常高于 RTO 的出清价格。LSE 在某区域的节点可靠性付费（locational reliability charge）= UCAP 容量义务 × 区域容量价格（zonal capacity price）。

区域容量价格是 LDA 出清价格的函数，因此也会较高。LDA 中所需的总容量由内部容量和进口容量混合提供。负荷按所处 LDA 出清的容量价格支付费用，而提供进口容量的发电机根据其所在的 LDA 支付较低的价格。当负荷侧与资源侧结算存在价差时，产生了阻塞盈余（见图 2-3）。

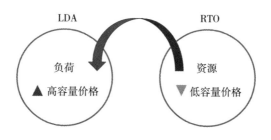

图 2-3　容量市场阻塞

PJM 通过设置容量转移权（capacity transfer rights，CTR）来向用户返还容量市场阻塞盈余。容量市场阻塞盈余指的是负荷支付费用与资源提供者所收费用的差值。这部分不平衡由负荷承担成本，因此将 CTR 持有权分配给负荷来返回阻塞盈余。CTR 的价值等于进口容量乘以 LDA 之间的容量价差。可以抵消一部分受限制 LDA 负荷的节点价格增量，减少 LSE 的支出，激励用户引进更经济的进口容量。CTR 允许转让。

2.3.3 关键设计2：可变资源需求曲线

RPM 每一次拍卖前都需要定义需求曲线。基础剩余拍卖采用的是倾斜向下的需求曲线，其理念是"可变资源需求（variable resource requirement，VRR）"。该理念说明，超出目标装机备用裕度的额外容量仍然具有价值，且至少来自以下四个方面：一是面对不确定的负荷增长、天气状况和容量故障，可用容量不足的概率永远不会等于0；二是降低大型供应商在容量市场行使市场力的风险；三是超额的容量可以减少稀缺电价的频率和持续时间；四是容量价格波动性的减少可以降低投资风险，特别是对发电资源。此外，较小的投资成本也可以使容量价格降低。

VRR 曲线是用于基础剩余拍卖出清的需求曲线，在给定容量水平的情况下，得到相应的容量价格。该曲线在 PJM 区域和受限制 LDA 中分别制定，其应用目的是发现超额容量资源的价值。当系统资源小于可靠性要求时，容量价格较高，反之较低。曲线包括以下4个参数。

① 目标备用水平。

② 新进机组成本（cost of new entry，CONE）。CONE 的参考资源是燃气轮机（combustion turbine，CT）。整个 RTO 划分为 4 个 CONE 区，PJM 区域的新进机组成本是 4 个分区规定的 CONE 的均值。对于 2023～2024 交付年度，CONE 将根据美国劳工统计局、联邦税法发布的相关信息进行调整，反映发电厂建设成本的

变化。

③ 净能量与辅助服务（energy & ancillary services，E&AS）收入。对于特定的交付年，净 E&AS 收入等于参考机组连续 3 年（基础剩余拍卖市场前）能量收入的年均值，加上按"美元/兆瓦/年"假设的辅助服务收入。

PJM 区域的能量收入的估算基于以下五个因素：参考机组的热率和其他特性；指定燃料定价点的平均每日天然气价格，加上适当的 PJM 燃料运输费用增量；参考机组可变的运行与维护（operation and maintenance，O&M）成本；PJM 实际的小时节点电价；假设参考机组在日前、实时市场的峰荷时段（peak-hour）会被调度。

LDA 区域的能量收入与上述过程类似，需要变更两点信息：一是用该 LDA 分区实际的电价代替 PJM 区域平均小时节点电价；二是指定燃料定价点的平均每日天然气价格，加上适当的 LDA 分区燃料运输费用增量。

另外，新进机组的净成本公式如下：

新进机组净成本(net CONE) = CONE − 净 E&AS 收入

④ 价格响应型需求侧资源（Price Responsive Demand，PRD）的额定值及其预备价格。如图 2 − 4 所示，VRR 曲线的绘制由（a）、（b）、（c）三个关键点决定。

点（a）的横坐标（容量坐标）为：

$$\text{可靠性要求} \times \frac{100\% + IRM - \text{移动比例}}{100\% + IRM} \qquad (2-12)$$

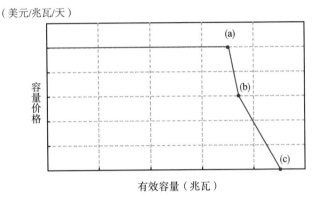

图 2 - 4　VRR 需求曲线

点（a）的纵坐标（价格坐标）为：

$$\frac{\max(CONE, 1.5 \times (CONE - E\&AS))}{1 - 全电力库平均 EFORd} \qquad (2-13)$$

点（b）、点（c）的横坐标（容量坐标）为：

$$可靠性要求 \times \frac{100\% + IRM + 移动比例}{100\% + IRM} \qquad (2-14)$$

点（b）、点（c）的纵坐标（价格坐标）为：

$$\frac{缩放比例 \times (CONE - E\&AS)}{1 - 全电力库平均 EFORd} \qquad (2-15)$$

三个关键点的坐标存在动态调整，近几交付年的具体应用情况如表 2 - 5 所示。此外，VRR 曲线还将根据 PRD 计划进行调整，具体方式为将曲线高于 PRD 预留价格的部分向左平移，移动幅度为"PRD 额定值乘以电力库需求预测"，代表了 PRD 采购的有效容量。

表 2－5　　　　　　　　　　　　VRR 关键点坐标

交付年	点（a）		点（b）		点（c）	
	移动比例（%）	缩放比例	移动比例（%）	缩放比例	移动比例（%）	缩放比例
2015/2016 ~ 2017/2018	－3	—	1	1.0	5	0.2
2018/2019 ~ 2021/2022	－0.2	—	2.9	0.75	8.8	0
2022/2023 至今	－1.2	—	1.9	0.75	7.8	0

对于增量拍卖，需求曲线基于市场主体提交的购买报价、PJM 的购买报价（如有）修订。PJM 在每次增量拍卖前会重新计算 RTO、每个 LDA 的可靠性要求，所用的数据是更新的峰荷预测、更新的装机备用裕度、更新的 CETO。增量拍卖采购或释放的总容量如图 2－5 所示，等于更新的可靠性要求减去前序拍卖已出清容量，减去前序拍卖未释出的容量，加上前序拍卖未采购的容量，再减去条件增量拍卖出清容量，得到的可靠性要求可为正值也可为负值。

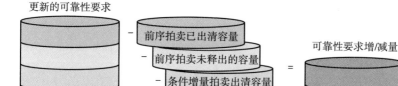

更新的可靠性要求　－　前序拍卖已出清容量　－　前序拍卖未释出的容量　－　条件增量拍卖出清容量　＋　前序拍卖未采购的容量　＝　可靠性要求增/减量

图 2－5　增量拍卖可靠性要求

如果增量拍卖的可靠性要求为正，PJM 需要采购相应的有效容量，采购的报价通过 VRR 的增量部分表示。同理，若可靠性要求为负，PJM 需要释出相应的有效容量，报价通过 VRR 的减量部分表示。VRR 增量/减量部分如图 2-6 所示。在条件增量拍卖中，买入价为统一的 1.5 倍净 CONE。

（美元/兆瓦/天）

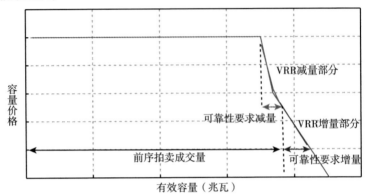

图 2-6　增量拍卖 VRR

2.3.4　关键设计 3：容量资源申报限制

（1）容量资源类型

RPM 中的资源供应类型包括发电容量资源（generation capacity resources）、负荷管理资源（load management resources）、能效资源（energy efficiency resources）、合格输电升级项目（qualifying transmission upgrades）、聚合资源（aggregate resources）。可再生能源、储能不直接参与容量市场，但可作为聚合资源参与。

①发电容量资源。如图 2-7 所示，根据是否已投运，发电容量资源可以划分为现有的资源、规划的资源；根据冬季可用

性，可以划分为基本容量资源（仅满足夏季可用性）、容量性能资源；根据所处位置，可以划分为 PJM 内部资源、PJM 外部资源。

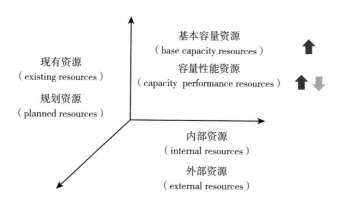

图 2 - 7　发电容量资源划分

② 负荷管理资源。负荷管理资源包括需求侧资源（demand resource，DR）和价格响应型需求资源两类。

需求侧资源（DR）供应商必须在不迟于 RPM 拍卖前 15 个工作日提交或在 FRR 容量规划提交截止日期前提交需求侧资源出价计划。每个用户的负荷管理需符合的标准如表 2 - 6 所示。

表 2 - 6　　　　　　　　　　DR 分类

分类	中断可用性要求	交付年
有限 DR	6 月至 9 月的夏季期至少可中断 10 次，并能维持每次中断至少 6 小时	RPM：2017/2018 FRR：2018/2019
延长的夏季 DR	6 月至 10 月和次年 5 月的延长夏季期可无限次中断，并能每次中断至少 10 小时	RPM：2014/2015 ~ 2017/2018 FRR：2014/2015 ~ 2018/2019

分类	中断可用性要求	交付年
年度 DR	在交付年内可无限次中断，能维持在 6 月至 10 月和次年 5 月的东部当前时间上午 10：00 至下午 10：00，以及在 11 月至 4 月的东部当前时间上午 6：00 至下午 9：00 实现中断	RPM：2014/2015 ~ 2017/2018 FRR：2014/2015 ~ 2018/2019
基本容量 DR	在交付年的 6 月至次年 9 月无限次中断，能在东部当前时间上午 10：00 至下午 10：00 维持至少 10 小时的中断	2018/2019 ~ 2019/2020
容量性能 DR	在交付年内可无限次中断，能维持在 6 月至 10 月和次年 5 月的东部当前时间上午 10：00 至下午 10：00，以及在 11 月至 4 月的东部当前时间上午 6：00 至下午 9：00 实现中断	2016/2017
夏季期 DR	在 6 月至 10 月和次年 5 月的延长夏季期可无限次中断，能在东部当前时间上午 10：00 至下午 10：00 之间维持这种中断	2020/2021

价格响应型需求资源 PRD 可以在基础剩余拍卖、第三次增量拍卖前提交"实时节点边际电价—最大预测负荷"曲线，在节点边际电价大于或等于某一阈值时，PRD 资源的负荷水平不得高于最大紧急负荷水平（自 2022/2023 交付年起增加了固定服务水平义务）。PRD 供应商可以自愿做出价格响应需求数量的承诺，在交付期内，削减其根据实时能量价格所消耗的电能，从而减少了容量市场的需求（见图 2 - 8）。

③ 能效资源。能效资源是指在超出建筑、电器或其他能效标准的情况下，安装更高效的设备或实施更高效的改进流程。能效资源必须在终端用户的零售点（在规定的能效性能时间内和冬季性能期）实现持续的、永久的能耗削减，且这种削减没有反映在

（美元/兆瓦/天）

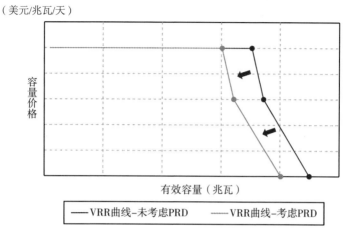

有效容量（兆瓦）

—— VRR曲线–未考虑PRD　　—— VRR曲线–考虑PRD

图 2 – 8　考虑 PRD 的 VRR 曲线

拍卖年的峰值负荷预测中。在交付年期间，能效资源必须在任何时候都能充分实施，而不需要任何通知、调度或运营商干预。能效资源可以参与 RPM 拍卖或 FRR 容量规划，最多可以连续 4 年获得容量费。

④ 合格输电升级。合格输电升级可以参与基础剩余拍卖报价，如果在基础剩余拍卖中出清的合格输电升级在交付年开始之前建设未完成，则提交报价的一方应以适当数量的容量资源的形式提供替代品；如果未提供替换容量，则将收到升级延迟罚款。

对于规划发电容量资源、规划需求侧资源、规划能效资源等，必须在 RPM 拍卖之前，为每次 RPM 拍卖建立一个单独的 RPM 信用。信用要求（credit requirement，CR）等于固定的拍卖信用费率乘以报价容量乘以信用调整系数，其中调整系数取决于资源的审批、建设进展。

（2）容量资源申报

RPM 是一个多拍卖结构，通过基础剩余拍卖、增量拍卖和双边市场机制采购足够的容量以满足有效容量义务。市场主体参与容量市场的实际操作是在 eRPM 电子系统中完成的，该系统界面如图 2-9 所示。

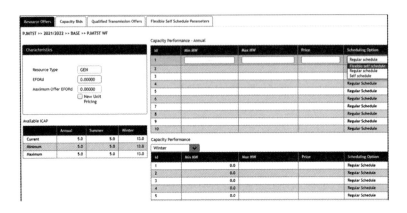

图 2-9　eRPM 系统

下面对 eRPM 系统中的界面内容及市场主体的申报要求进行介绍。

① 等效强迫停运率（$EFORd$）。在基础剩余拍卖、第一次增量拍卖和第二次增量拍卖中，市场主体需要填报当次申报的 $EFORd$，用于将所报的装机容量（ICAP）转化为有效容量（UCAP）。申报的 $EFORd$ 不得超过最大 $EFORd$，后者由下式确定：

$$最大\ EFORd = \max(过去\ 1\ 年平均\ EFORd, 过去\ 5\ 年平均\ EFORd)$$

第三次增量拍卖所用的 *EFORd*，由 PJM 根据截至交付年9 月 30 日前 12 个月的故障停运数据给出，称之为生效 EFORd（effective EFORd）。

②报量。容量申报采取分段的方式，每段最少为 0.1 兆瓦。资源被划分为发电资源、需求资源、能效资源或聚合资源。PJM 中新能源一般不单独参与容量市场，通常将间歇性资源、储能资源等资源聚集起来作为聚集资源参与容量市场。受限于"必须申报要求（must-offer requirement）"，PJM 区域中全部现有的发电资源都要至少申报最小可用 ICAP（minimum available ICAP），需求资源、能效资源和外部资源则可免。

除间歇性资源和储能外，所有拥有可用容量的发电资源，若具备条件，都必须提交为容量性能资源。如果容量市场卖方在RPM 拍卖前 120 天提交申请，证明某发电资源无法在交付年开始前满足容量性能发电资源的要求，可不参与容量性能报价。可视为容量性能产品类型，但需要大量投资才能实现发电资源不符合容量性能免报价条件。间歇性资源、储能资源、需求侧资源、能效资源不需要提交容量性能卖出报价单。

基础剩余拍卖和第三次增量拍卖的最小可用 ICAP、最大可用ICAP 及当前可用 ICAP 相等，其计算公式为：

$$最小/最大/当前可用 ICAP = min(每日 ICAP 持有量 - 每日 FRR 替代量)$$

第一次、第二次增量拍卖的可用 ICAP 计算如图 2-10 所示，在上述公式的基础上，减去由不同 *EFORd* 折算的已出清 *UCAP*。

以每日为单位计算，分别得到 3 组 365 天的数据，再各自取最小值作为系统的最小/最大/当前可用 ICAP。

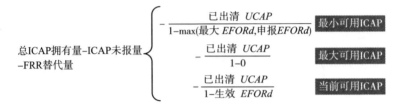

图 2-10　可用容量计算

③ 报价。分段报价的单位是"美元/兆瓦/天"（有效容量）。RPM 对于容量性能资源的报价设置了默认上限，其值为历史平衡比率（balancing ratio）乘以所在 LDA 的净 CONE。平衡比率的计算公式如下：

$$B = \frac{S_L + S_R}{S_{UCAP}} \tag{2-16}$$

式（2-16）中，B 为平衡比率，S_L 为性能评估期间（performance assessment interval，PAI）系统实际的负荷需求，S_R 为实际的备用需求，S_{UCAP} 为经 RPM 出清的有效容量组合。该比率只有在 PAI 触发期间会进行实时测算，每个拍卖年用于限制资源报价上限的取值是过去最近 3 年的平均比率。PAI 是由 PJM 的发、输电容量应急响应机制触发的，包括电压降低警告、手动切负荷警告等。PAI 触发后，运营机构将对容量资源的性能进行评估，未达标的性能（non-performance）将受到罚款，容量市场中标资源的性能缺额（performance shortfall）由下式确定：

$$C_{short} = C_{UCAP} \times B - C_{act} \tag{2-17}$$

式（2-17）中，C_{short}为资源性能缺额，C_{UCAP}为资源中标的有效容量，C_{act}为 PAI 期间计量的实际发电出力。RPM 当前规定 PAI 设置为 5 分钟，也就是在应急期间每 5 分钟评估一次平衡比率。

PJM 记录的最近一次典型容量危机是 2019 年 10 月 2 日，极端高温天气在 14：00 ~ 16：00 期间触发了 PAI，每 5 分钟 PAI 测算的平衡比率如表 2-7 所示。

表 2-7　　　　　　　　　　PAI 期间平衡比率

PAI	平衡比率（%）	PAI	平衡比率（%）
14：00	72.62	15：00	74.14
14：05	73.05	15：05	73.91
14：10	73.55	15：10	74.16
14：15	74.13	15：15	73.89
14：20	74.28	15：20	73.51
14：25	74.19	15：25	73.18
14：30	74.42	15：30	73.24
14：35	74.45	15：35	73.43
14：40	74.66	15：40	73.88
14：45	74.78	15：45	80.20
14：50	74.54	15：50	80.00
14：55	74.55	15：55	80.42

在最近几个容量市场交付年的拍卖中，确定报价上限的平衡比率取值如表 2-8 所示。

表 2-8　　　　　　　　　　平衡比率

交付年	平衡比率（%）
2018/2019	85.0
2019/2020	81.0
2020/2021	78.5
2021/2022	78.5

除了报价上限外，发电资源提供者在市场中也受到最低报价限制。最低报价规则源自 FERC 在 2019 年颁布的指令，起因是燃煤和天然气发电机的所有者认为：接受国家补贴的可再生资源和其他资源（尤其是核电），正在人为地低价竞标 PJM 容量市场，从而抑制了市场价格。

最低报价由净 CONE 确定。2023/2024 交付年，对于没有受到国家补贴的资源，燃气（CT）、联合循环（CC）的最低报价设置为净 CONE 的 90%；其他类型的发电资源设置为 CT 净 CONE 的 70%（具体数值见表 2 - 9）；核电、煤电、IGCC、水电、风电、光伏最低报价为 0。

表 2 - 9　　　　　　不同 CONE 区域无补贴资源报价下限

项目	区域 1	区域 2	区域 3	区域 4
燃气 CT	$ 297. 94	$ 299. 43	$ 251. 18	$ 264. 82
联合循环 CC	$ 309. 62	$ 285. 00	$ 210. 96	$ 243. 92
其他	$ 231. 73	$ 232. 89	$ 195. 36	$ 205. 97

对于受国家补贴的资源，在已知 CONE 的特定区域中，关键是估算 E&AS 收入。PJM 估算所用的参数如表 2 - 10 所示，图 2 - 11 给出了 RTO、LDA 用于 2023/2024 交付年的各资源（受补贴）的最低报价。

表 2 - 10　　　　　　估算 E&AS 收入使用的参数

类型	参数
所有机组	RPM 拍卖前一年的电能量市场报价； 燃料成本、排放成本、运行维护成本； 等效强迫停运率； 远期小时级节点电价； 其他服务的年度收入要求

续表

类型	参数
燃气、联合循环、燃煤	装机容量等级、爬坡率、热率
核电	平均等效可用系数
风电、光伏	最近 3 年的输出数据
电池储能	额定容量等级（兆瓦/兆瓦时）

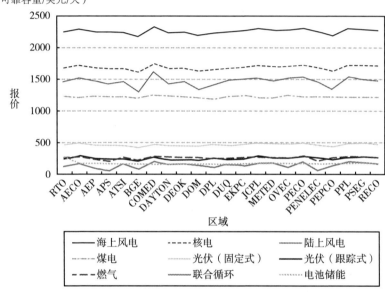

图 2-11　容量市场最低报价

需求资源、能效资源、储能资源、自供应的实体不受上述最低报价规则的限制，除此之外，受补贴的资源也可申请竞争性豁免，即主动放弃补贴。

④ 信用要求。对于规划发电容量资源、规划需求侧资源、规划能效资源等，必须在 RPM 拍卖之前，为每次 RPM 拍卖建立一个单独的 RPM 信用。如果报价超出了当前信用金，则无法

参与市场。

 ## 2.4 美国得州稀缺定价

2.4.1 市场机制发展概况

ERCOT（Electric Reliability Council of Texas）是美国得克萨斯州（以下简称得州）负责电网运行、管理竞争型电力批发市场的独立系统调度机构，管理得州 2600 万客户的电力供应和分配，覆盖了该州约 75% 的面积和 90% 的电力负荷。ERCOT 范围内有超过 74800 公里的输电线路、大约 700 台发电机组，最主要的发电资源是天然气，其次是风力。在网架结构方面，得州的电网较为独立，只通过 5 条直流联络线与美国东部网络和墨西哥互联。

得州自 1995 年开始进行电力市场化改革。1996 年，ERCOT成为全美第一个独立系统运营商（independent system operator，ISO）。1999 年，关于电改的参议院 7 号法案签署，得州着手建设以区域市场（zonal market）为架构的现货实时市场。2010 年，经重新设计，节点市场（nodal market）取代了区域市场。2014 年，引入了实时备用价格增量（real-time reserve price adder，RTRPA），2015 年，引入了可靠性部署价格增量（real-time reliability deployment price adder，RTRDPA）。美国得州现货市场包括日前市场和实时市场，但没有滚动预出清。日前市场在 13：30 出清，日前市场结束后进行可靠性机组组合出清，运行时段开始前 1 小时的实时市场报价关闸后，市场主体不能调整策略。实时市场 15 分钟为一个时段，提前 15 分钟开始出清。美国得州现货市场的发电电能量报价由启动成本、空载成本和可变成本部分组成。可变成本的报价上限为 9000 美元/兆瓦时，远高于实际发电的可变成本。得州实时市场的电能量结算价格除市场出清得到的节点边际价格外，还包括市场运营机构事后计算的价格增量。价格增量包括备用价格增量和可靠性价格增量，能够进一步反映电能量市场的稀缺信号。

备用价格增量与美国得州的备用辅助服务产品有关。美国普遍定义了备用辅助服务产品，并通过电能量与备用联合优化出清的方式实现备用需求与电能量价格的耦合，但得州的实时市场还没有实现该联合优化出清。设置备用价格增量的目的是反映电力稀缺时段的备用价值。备用价格增量的数值与监管机构事先确定的运行备用需求曲线有关。该需求曲线通过失负荷概率和失负荷价值定义了备用价值与备用稀缺程度的关系：备用水平越低，备用价值越高。因此，运行备用需求曲线定义了弹性的备用需求，反映电能量价格升高到一定程度时负荷需求侧愿意降低备用、承担停电风险的情况。

2021 年 2 月 15 日，美国得州因百年一遇的寒潮触发了轮流停电事故，事故期间电力批发市场电价频繁达到 9000 美元/兆瓦时的高值，受到全球广泛关注。负责监管 ERCOT 电力市场的得州公用事业委员会（Public Utility Commission of Texas，PUCT）下发了两道紧急命令，指出 EEA3 事故中发现的两个重大市场异常情况：

1）切负荷事故中电价低于全系统报价上限（system-wide offer cap，SWOC）。

PUCT 认为，由于采取轮流停电措施，负荷减少导致 2 月 15 日系统能源价格一度低至 1200 美元/兆瓦时，这与市场设计的初衷不符。能源价格应当反映供应的短缺，一旦发生切负荷，意味着稀缺度达到最大，市场价格也应该达到最高，即 SWOC。因此，PUCT 授权 ERCOT 在安全约束经济调度中将 EEA3 级已削减负荷还原到实际负荷中，由此更正 RTRDPA，该算法在 2 月 15 日 22：15 正式生效。

2）燃料价格飙升导致低报价上限（low cap，LCAP）异常。

ERCOT 市场规则中，为了保护消费者免受尖峰价格影响，当发电高峰时段累计净利润（peaker net margin，PNM）达到每年 315000 美元的阈值时，系统报价上限将设置为 $LCAP$。$LCAP$ 计算公式如下所示：

$$LCAP = \max\{2000, 50 \cdot GASP\} \qquad (2-18)$$

式（2-18）中，$GASP$ 为天然气价格。寒潮事故中，得州天然气价格飙升，由式（2-18）算得 $LCAP$ 将超出 9000 美元/兆瓦时的高报价上限（high cap，HCAP），与规则设计矛盾。因此，PUCT 命令 ERCOT 在达到 PNM 阈值时，暂停使用 $LCAP$，继续将 HCAP 作为 SWOC。实际运行中，ERCOT 在 2 月 17 日 PNM 超过阈值，达到 445900 美元。

在 PUCT 行政指令的调整下，事故期间市场价格表现如图 2-12 所示。其中图 2-12（a）展示了电力需求变化时，结算点每小时电价的波动情况；图 2-12（b）则给出了 ERCOT 每日实时电价最大值与休斯敦航道天然气现货价格的对比。

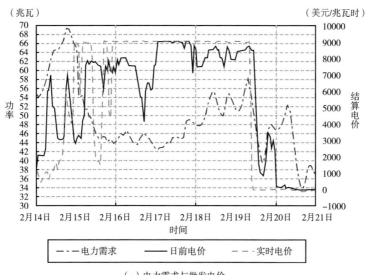

（a）电力需求与批发电价

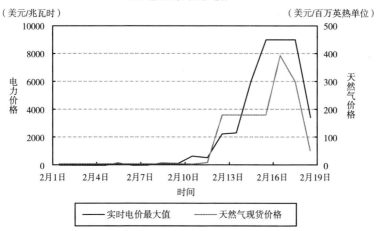

（b）电力价格与天然气价格

图 2-12　得州停电期间市场表现

由市场表现结果可知，该事件的尖峰电价是一种受控的高电价。当 ERCOT 采取切负荷措施时，系统实际负荷减小，日前、实时市场电价呈现反直觉地上涨，多次达到上限 9000 美元/兆瓦时。在得州电力市场设计中，受控的高电价符合稀缺定价理念，有效反映了市场供需的价值。在 9 美元 1 度电的激励下，所有发电主体会尽量将其发电资源保持在可用状态，面临高电价的售电公司和终端用户会采取尽可能的措施降低其代理用户或自己的非必要用电，有助于尽快缓解紧急状态。另外，根据市场规则，当天然气价格一度飙升至接近 400 美元/百万英热单位时，市场最高限价可以达到将近 20000 美元/兆瓦时，而 PUCT 及时采取措施使最高限价一直维持在 9000 美元/兆瓦时，避免用户承担超出负荷价值的用电成本。

2.4.2 关键设计 1：备用需求曲线

ERCOT 的运行备用按物理特性分为 30 分钟备用和 1 小时备用，备用不区分区域。备用需求曲线如图 2 - 13 所示，是一条基于失负荷概率计算的倾斜向下的曲线。

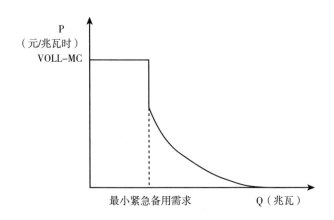

图 2 - 13　运行备用需求曲线

运行备用需求曲线右半段递减曲线是根据失负荷概率的正态分布曲线的累积分布函数而得，备用容量高时失负荷概率低。备用需求曲线如下式所示：

$$p_{adder} = (C_{VOLL} - \lambda_{LMP}) \cdot \pi(R) \qquad (2-19)$$

$$\pi(R) = \begin{cases} \pi_{LOLP}(R - R_m), R - R_m > 0 \\ 1, R - R_m \leqslant 0 \end{cases} \qquad (2-20)$$

$$\pi_{LOLP} = 1 - \pi_{CDF}(\mu, \sigma, R) \qquad (2-21)$$

其中，p_{adder} 为实时备用价格增量；C_{VOLL} 为失负荷价值（value of lost load），也即价格帽；λ_{LMP} 为节点边际价格；$\pi(R)$ 为失负荷概率函数；π_{LOLP} 为失负荷概率；R 为实时可用备用；R_m 为系统最小备用要求；π_{CDF} 是正态分布函数的累积分布函数，参数 μ、σ 分别为8760时段不同的均值、标准差，由 ERCOT 计算并公布在官方网站上，当前用值如表 2-11 所示。

表 2-11　　　　　　　备用需求曲线参数设置

月份	小时	μ	σ
12、1、2	1~2、23~24	185.14	1217.89
	3~6	76.28	1253.93
	7~10	136.32	1434.64
12、1、2	11~14	-218.26	1441.00
	15~18	-53.67	1349.52
	19~22	-183.00	1129.31

续表

月份	小时	μ	σ
3、4、5	1~2、23~24	245.76	1174.61
	3~6	460.41	1313.46
	7~10	348.16	1292.36
	11~14	-491.91	1332.05
	15~18	-253.77	1382.60
	19~22	-436.09	1280.47
6、7、8	1~2、23~24	374.88	1503.97
	3~6	1044.81	1252.25
	7~10	339.01	1679.70
	11~14	-695.94	1251.05
	15~18	-270.54	1284.96
	19~22	-730.33	1331.49
9、10、11	1~2、23~24	15.90	1044.88
	3~6	478.97	1014.02
	7~10	322.65	1036.07
	11~14	-473.16	1293.83
	15~18	-422.21	1246.49
	19~22	-177.76	1231.14

实时备用价格增量的计算原理是保证实时备用价值反映失负荷价值,该增量每15分钟计算一次,每次全系统只有一个相同的值。相同的能量价格下,备用水平越高,实时备用价格增量越低。不考虑阻塞的情况下,当备用水平低于最小备用要求时,失负荷概率默认为1,实时备用价格增量与电能量的系统边际价格

之和高达 9000 美元/兆瓦时（即失负荷价值）。在一定的稀缺程度下，即一定的失负荷概率下，如果能量价格过低而没有反映稀缺情况，那么备用价格增量数值将升高，补充反映稀缺信号；相反，如果能量价格高达足以反映稀缺信号，那么对应的实时备用价格增量数值为零。系统能量价格和实时备用价格增量共同反映电力系统的稀缺情况。发电商的电能量结算价格为所在位置的节点边际价格和实时备用价格增量之和。对于没有辅助服务义务和没有提供发电服务的剩余可用发电容量将会获得实时备用价格增量的补偿。该机制下，发电企业能够通过备用价格增量来获得稀缺收益，也就不需要通过申报高价的行为来推高电力稀缺时段的电能量价格。这降低了发电商博弈的意愿，从而减少交易成本，同时也降低了市场活力。

2.4.3 关键设计2：失负荷价值

失负荷价值 VOLL 测量的是电网未提供的单位电力造成的社会经济活动的损失，ERCOT 曾用值为 3000 美元/兆瓦时，后变更为当前的 9000 美元/兆瓦时。VOLL 测算没有统一的方法，国外的文献研究与实践中，确定该值的方法包括选择偏好法、案例研究法、生产函数法等。选择偏好法是一种基于假设、调查的方式，案例研究法则是基于已发生的停电事件的研究，而生产函数法是基于对宏观经济数据的整理。不同方法的优缺点如表 2 - 12 所示。

表 2 – 12   VOLL 测量方法

方法	优点	缺点
选择偏好法	1）可以定制特定的场景，如停电持续时间、停电预通知时间等； 2）可以考虑更广泛的经济因素，如对货物的损坏； 3）消费者不需要经历实际的场景，能够根据假设的事件做出反应	1）主观性强，因此受访者的答案依赖于文化、背景和精神状态； 2）基于支付意愿（willing to pay）和接受意愿（willing to accept）的 VOLL 估计之间存在很大差异，没有统一的方法来决定使用哪个结果； 3）结果依赖于调查方法（如访谈/问卷、问题的措辞、回答形式）；调查员的个人行为可能对结果产生不当影响
案例研究法	研究现实生活中真实的情况，不需要假设和主观的场景	1）难以根据低频事件确定真正的社会经济成本； 2）难以应用于电力系统发达和可靠性相对较高的地区
生产函数法	1）为跨区域的测量提供了统一的衡量方法，消除了解释的主观性； 2）使用宏观经济数据，研究的时间成本较低； 3）一旦建立了数据源，就可以随时复制	1）依赖数据的可用性和质量来进行分析； 2）计算时需要输入大量的假设； 3）难以纳入定制的要求，如停电持续时间和预通知时间的影响； 4）不包括消费者与生产无关的成本，如停电的个人精神价值损失、商品的未售出损坏等

2.5 意大利可靠性期权

2.5.1 市场机制发展概况

意大利电力市场初期并未设计容量机制。2003 年，意大利出现轮流停电事件，意大利政府要求监管机构设计容量机制。不久，意大利电力与天然气管理局提出容量补偿的临时性过渡机制。过渡机制实施后，意大利新建了大量机组，系统装机容量接近峰值，但容量需求已经开始下降。为顺应意大利电力系统的发展需求，2011 年意大利电力与天然气管理局颁布对可靠性期权机制进行初步设计，并交由意大利电网公司 Terna 进行详细设计。经多轮修改，Terna 发布可靠性期权机制的最终设计文件。

　　意大利可靠性期权的拍卖方式为下降型时钟拍卖，如图 2 – 14 所示。第一轮拍卖中，主体申报量和价，每个主体可以投 3～10 个投标块。若在第一轮拍卖中，发电商报出的总容量大于容量需求，则供需曲线不相交，继续进行第二轮拍卖，重新申报量价曲线，如此重复直至供需曲线相交，最多 21 轮。每轮拍卖中，主体报的量和价格较之上一轮只能保持或减少。在得到出清价格的该轮拍卖中，所有入围的容量资源获得统一出清价作为可靠性费用。

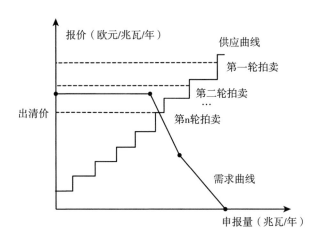

图 2 – 14　下降型时钟拍卖机制

目前 RO 拍卖价格上限为：现有电厂的价格上限为 25000 ~ 45000 欧元/兆瓦/年，参照 CCGT 的年度固定运营成本进行计算；新建电厂的价格上限为 75000 ~ 95000 欧元/兆瓦/年，参照新建机组成本进行计算。在价格相同的情况下，优先选择更灵活（启动时间较短）、更环保（碳排放更低）的容量资源。

如表 2 - 13 所示，意大利可靠性期权拍卖产品分为四类：① 主拍卖，一年一次；② 补充拍卖，作为在容量机制初期实施的过渡机制；③ 调整拍卖，此时临近合同交付期，便于容量供应商调整头寸、ISO 也调整容量需求；④ 二级市场，先到先得的连续拍卖，用于容量供应商在临近交割期调整头寸。

表 2 - 13　　　　　意大利 RO 机制拍卖期限

过渡阶段	主拍卖	补充拍卖	调整拍卖	二级市场
滞后期	0 ~ 4 年	4 年	0 ~ 3 年	0 ~ 5 个月
合同期限	1 年	1 ~ 2 年	1 年	1 个月
成熟阶段	主拍卖	—	调整拍卖	二级市场
滞后期	4 年	—	0 ~ 3 年	0 ~ 1.5 年
合同期限	3 年	—	1 年	1 个月

如图 2 - 15 所示，主拍卖一年一次，提前 4 年拍卖，覆盖为期 3 年的可靠性容量需求。由于每年的主拍卖的交付期之间有重叠，因此每次主拍卖只需拍卖总需求的 1/3。但是，在 Y_0 年初次实施可靠性期权拍卖时，考虑到没有前面 Y_{-1}、Y_{-2} 年的可靠性期权合同对剩下 2/3 的容量需求进行覆盖，意大利与第一个主拍卖一起启动了两个补充拍卖。补充拍卖的滞后期和主拍卖相同，但是合同期限不同。通过主拍卖和补充拍卖分配可靠性期权合同之后，启动调整拍卖，便于主体之间进行可靠性期权合同转让。最

后一次调整拍卖完成后，二级市场开放，在交付年度的每个月进行交易。以上规定仅针对已有电厂，对于新建电厂，为了对其提供更稳定的收入预期，新建容量可获得长达 15 年的合同。

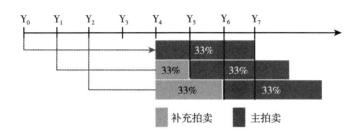

图 2 - 15　主拍卖流程

2.5.2　关键设计 1：期权执行价

期权执行价格（strike price）通常由系统运行机构在拍卖前公布，通常依据参考峰值发电技术的可变成本来确定。一般市场将执行价格视为常量，也有市场设计更为复杂，执行价格可能随着时间的推移而变化。

期权的执行价与结算紧密相关，如表 2 - 14 所示，在年度期权合同中，期权卖方按照拍卖的出清量（兆瓦）和出清价 P（欧元/兆瓦/年）支付给买方。可以认为，期权保费覆盖了每天的各个时段。期权各个时刻的结算如下：T1、T5 时刻参考价格 ρ 低于执行价格 s，买方选择不执行；T2、T3、T4 时刻参考价格 ρ 高于执行价格 s，发电商在市场中获得价格为 ρ 的收益，同时需按照差价 $\rho - s$ 返还部分收益给期权卖方。此外，由于 T3 时刻发电机不可用，不仅没有来自电能量市场的价格为 ρ 的收益，还仍需继

续将执行价格 s 和参考价格 ρ 之间的差额返还，构成对主体的隐式惩罚（$\rho-s$）。此外，有的市场进一步规定了显式惩罚：将发电机实际容量与 RO 合同中承诺的容量进行比较，超过阈值时可以对其在隐式惩罚的基础上，额外处以显式惩罚，每个市场的具体规定不同。

表 2 - 14　　　　　　　　可靠性期权结算

项目	T1	T2	T3
发电侧价格（有 RO）（元/兆瓦时）	ρ	$\rho-(\rho-s)=s$	$\rho-s-s_{pen}$
发电侧价格（无 RO）（元/兆瓦时）	ρ	ρ	0
用户侧价格（元/兆瓦时）	ρ	$\rho-(\rho-s)=s$	s
拍卖价格（元/兆瓦/年）	P	P	P

意大利 RO 的执行价格每月计算一次，由 TSO 根据"参考峰值发电机组的可变成本"确定。峰值机组至少提前 30 天由 TSO 通知代理商，通常为 CCGT 类型。虽然给定合同的参考机组是固定的，但执行价格是浮动的，考虑的因素包括燃料成本、不平衡成本、二氧化碳成本、采购成本、维护成本等：

$$s = c^{gas} + c^{imb} + c_m^{emission} + c_y^{pur} + c_m^{O} \qquad (2-22)$$

其中，c^{gas} 为燃料成本，包括运输的物流成本，单位为欧元/兆瓦时；c^{imb} 为平均不平衡成本；$c_m^{emission}$ 为月度碳排放成本；c_y^{pur} 为年度采购成本，考虑废物处理、燃烧残留物处理、生态税等，单位为欧元/兆瓦时；c_m^{O} 为月度维护成本，单位为欧元/兆瓦时。

2.5.3　关键设计 2：期权参考价

参考价格（reference price）用以反映容量提供商在电能量市

场出售其电源时实际获得的价格。价格高时表明发电稀缺,价格低时表明发电充裕。参考价格可以是不同市场的组合,如日前市场、平衡市场(实时市场)等。一般而言,参考价格选取为日前市场价格和平衡市场报价的加权平均值。其通用计算公式为:

$$R_i = \lambda P^{\mathrm{da}} + (1 - \lambda) b_i \qquad (2-23)$$

式(2-23)中,P^{da} 为日前市场价格,b_i 为代理商 i 在平衡市场中的报价。

意大利短期电力市场包括日前市场、日内市场及平衡市场。如表 2-15 所示,意大利的参考价格根据机组在市场间的参与情况进行区分。P^{BA} 为平衡市场最后一个中标机组的出清价格。签订可靠性期权合同的机组必须在交付期的每小时通过日前市场或日内市场报价,并提供容量。如果在市场中出清的量小于可靠性期权合同签订的容量,则通过平衡市场结算。由于可再生发电暂时无法参与意大利平衡市场,因此签订可靠性期权合约的可再生机组必须在弱峰值(发生稀缺事件概率最高的6小时)期间在市场上提供签订的容量值。

表 2-15 可靠性期权的参考价格

市场参与情况	参考价格计算公式
在日前/日内市场报价并出清	$P^{\mathrm{da}}(\lambda = 1)$
在平衡市场报价(低于 ρ)	$\max(P^{\mathrm{da}}, S)$
在平衡市场报价(高于 ρ),未出清	$\max(P^{\mathrm{da}}, P^{BA})$
在平衡市场报价(高于 ρ),出清	$\max(P^{\mathrm{da}}, b_i)$
日前/日内/实时均未报价,非稀缺	$\max(P^{\mathrm{da}}, P^{BA})$
日前/日内/实时均未报价,稀缺	VOLL

为进一步激励稀缺时刻机组的可用性，意大利电力市场设置了稀缺定价机制，在稀缺时直接将市场价格抬升至失负荷价值VOLL（目前在意大利设定为 3000 欧元/兆瓦时），参考价格也相应变为 VOLL。因此在系统稀缺时，容量供应商的收益返还更大，作为对容量供应商的隐性惩罚。此外，当容量资源在交付期一个月内 25% 的时间内提供的容量不超过 20% 时，会发生临时不履行（对于可再生能源和需求侧资源，仅考虑弱峰值内的时间）。如果临时不履行，则停止支付每月的保费。如果临时不履行在一年内的总时长超过三个月，则为最终不履行，此时取消可靠性期权合同，发电商需退还所有已获得的月补偿。

第3章
Chapter Three

高比例可再生能源渗透率下
容量机制仿真

　　第2章对容量充裕度机制的国际经验进行了详细的梳理。当前，我国在容量机制的选择上尚未形成统一的认识，为支撑稀缺定价、容量补偿、容量市场等机制对中国的适用性分析，本章采用系统动力学方法进行机制的量化仿真。市场仿真建立在可再生能源渗透率不断提高的背景下，通过研究系统容量的长期演化，分析不同机制场景下的综合效益。

 系统动力学方法

　　传统的电力市场均衡决策研究，多基于纳什均衡、古诺模型等静态模型，不能综合反映反馈性、时滞性、非线性、动态性等电力市场结构特点。系统动力学（system dynamics，SD）是一门研究多信息、多反馈的学科，既可以从宏观上把握事物发展趋势，又可以分析系统内部微观因素的相互作用关系，广泛应用于政策与市场分析。

系统动力学认为，系统的行为模式与特性主要取决于其内部的结构。反馈是指 X 影响 Y，反过来 Y 通过一系列的因果链来影响 X；不能通过孤立分析 X 与 Y 或 Y 与 X 的联系来分析系统的行为，只有把整个系统作为一个反馈系统才能得出正确的结论。系统动力学模型可作为实际系统，特别是社会、经济、生态复杂大系统的实验室。最著名的 SD 模型是 20 世纪 70 年代美国 MIT 教授领衔建立的"增长的极限"，该模型从人口、工业、污染、粮食生产和资源消耗等重要全球性因素触发，对地球的增长极限进行模拟预测，被西方媒体称为"70 年代的爆炸性杰作"。由上述描述与例子可知，SD 方法区别于其他模拟方法的主要特点有两方面。

（1）强调系统性

SD 认为，系统包括若干对象、对象之间的相互作用、组织和规划对象的规律方法 3 个内涵，对应于市场模型中若干市场主体及要素、主体及要素间的因果关系、电力市场环境规律。SD 致力于将现实问题转化为系统问题，通过模型边界的确定归纳关键变量，通过反馈回路的建立厘清传导关系，通过某种规律的汇总将研究问题转为一个复杂的整体，由此增强模型描述的现实力，提高仿真结果的实用性。

（2）时间尺度长

无论是企业管理策略、政策效果分析还是全球性问题的预测，SD 的广泛应用场景突出的主题是"长期发展"。由于非线性因素的作用，高阶次复杂时变系统往往表现出反直观、千姿百态的动态特性。SD 注重于长时间尺度的仿真分析，并允许在静态时刻中结合传统均衡方法描述变量的相互影响（如后续所述的现货市场出清）。

3.2 模型构建

3.2.1　系统边界

发电容量演化与社会宏观背景、市场机制环境、电厂技术特性等方面有密不可分的关联，是一个系统性问题。确定系统的边界是 SD 研究方法的首要步骤。本章在高比例可再生能源渗透的背景下，引入充裕度机制对电力现货市场进行补充，聚焦于传统能源发电容量的长期动态发展。为了清晰呈现系统的边界和变量的关系，图 3 - 1 梳理了容量发展、电能量市场、充裕度机制 3 个模块互联的因果回路图。反馈线路中的"＋"表示变量 A 增加（减少）引起变量 B 增加（减少），"－"则相反。

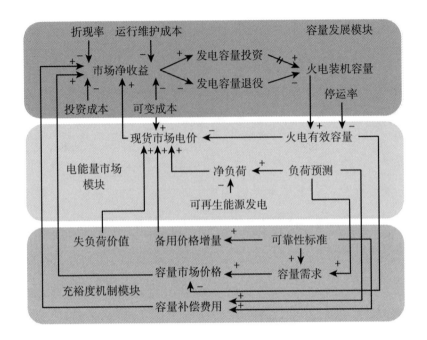

图 3 - 1   因果回路

3.2.2   容量发展模块

火电装机容量是系统状态变量，其连接的进、出流量分别为新建容量投资、现有容量退役，用积分形式表示为：

$$I_i(y) = I_i(0) + \int_0^y \left[\Delta I_{c,i}(t - T_{C,i}) - \Delta I_{d,i}(t) \right] \times dt$$

$$(3 - 1)$$

式（3 - 1）中，$I_i(y)$ 为机组 i 第 y 年的装机容量；$I_i(0)$ 为机组 i 的初始年装机容量；$\Delta I_{c,i}$、$\Delta I_{d,i}$ 分别表示发电容量的新建和退役；$T_{C,i}$ 表示机组 i 的建设周期。

（1）净现值评估

容量投资、退役的决策以年为单位进行，市场主体采用净现值（net present value，NPV）法评价未来的收益方案。定义发电技术 i 在第 y 年的净利润 $R_i(y)$ 及其净现值 $R_{N,i}(y)$ 为：

$$R_i(y) = R_{E,i}(y) + R_{A,i}(y) + R_{C,i}(y) - C_{V,i}(y) - C_{O,i}(y)$$

$$(3-2)$$

$$R_{N,i}(y) = \frac{R_i(y)}{(1+r)^{y-1}} \qquad (3-3)$$

式中，$R_{E,i}$ 为电能量收益，$R_{A,i}$ 为辅助服务收益，$R_{C,i}$ 为容量补偿或容量市场收益，$C_{V,i}$ 为变动成本，$C_{O,i}$ 为固定运行维护成本，r 为折现率。

为了体现发电商的有限理性并简化计算，在当前年度 y，模型对 $y+1$ 年至 $y+5$ 年的收益精确预测，而 $y+6$ 年到机组剩余寿命内的年均收益按第 $y+5$ 年的预测值模糊估算。

资本密集型领域的投资行为受第 1 年净利润的影响较大，本模型中新建容量投资须同时满足以下 2 个条件：① 机组建设完成后，投产第 1 年净利润大于 0；② 在设备生命周期内，净现值总和可以覆盖机组 i 的初始投资成本 $C_{I,i}$。定义利润指数 V_i，当 $V_i \geq 0$ 时表明投资 i 类机组能收回成本，反之不能：

$$V_i = R_{NT,i} - C_{I,i} \qquad (3-4)$$

$$R_{NT,i} = \sum_{y=T_{C,i}+1}^{T_{C,i}+1+T_{L,i}} R_{N,i}(y) \qquad (3-5)$$

式中，$R_{NT,i}$ 为机组生命周期内每年净现值的总和，$T_{L,i}$ 为机组生命周期。

现有容量退役需满足以下 2 个条件之一：① 机组达到设备寿命极限；② 次年净利润小于 0，且维持运营后未来 5 年的净现值总和仍小于 0，即亏损的状况无法改善。每年投资、退役的机组数量采用迭代收敛法确定，单步的决策结果执行 1 台机组的投资或退役，具体迭代流程如图 3 - 2、图 3 - 3 所示。

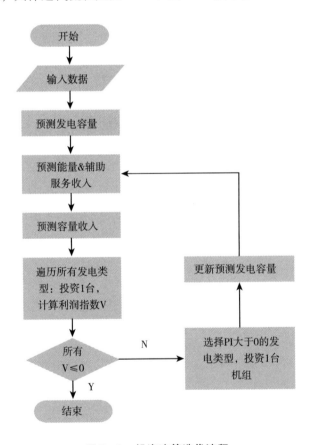

图 3 - 2　投资决策迭代流程

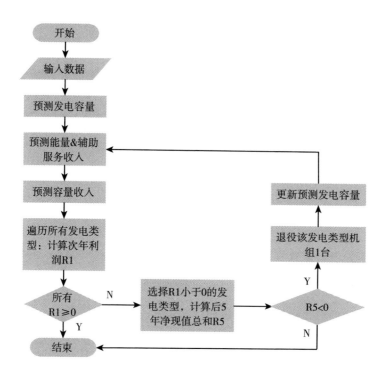

图 3 - 3　退役决策迭代流程

（2）负荷增长预测的不确定性

不同机制下，市场主体、运营机构对负荷增长预测的准确性对发电收益方案的形成有关键影响。本模型假设系统的电力供应（包括可再生能源）作为市场公开信息，而对发电商、运营机构电力需求增长预测的不确定性描述如下。

对于当前年度 y，采用不同的年负荷增长率预测误差及其发生概率描述 $y+1$ 年至 $y+5$ 年的状况，预测场景 s 可以表示为一系列概率性的年负荷增长组合：

$$s = \{(g_1,\beta_1),(g_2,\beta_2),(g_3,\beta_3),(g_4,\beta_4),(g_5,\beta_5)\} \quad (3-6)$$

式（3 - 6）中，$g_1 \sim g_5$ 表示未来 1 ~ 5 年的年负荷增长率预测误差，$\beta_1 \sim \beta_5$ 表示相应的概率。设预测误差服从 t 分布，并将误差范围等分为 K 个离散的区间，则所有区间组成的场景总数为 K^5 个。为了运算的可行性，针对发电商、运营机构的负荷预测，分别通过蒙特卡洛抽样随机生成大量初始场景，再利用同步回代消减法筛选出典型场景 s^*。

（3） 风险规避

发电行业具有前期投资成本大、回收周期长等特点，投资者的风险偏好一般为厌恶型。本模型采用负指数凹效用函数描述市场主体的风险规避，说明效用随预期收益的增加而增加，但增加率递减：

$$U(x) = \begin{cases} -e^{-Ax} & A > 0 \\ x & A = 0 \end{cases} \qquad (3-7)$$

式（3 - 7）中，U 为效用函数，x 为某场景标准化后的净现值，A 为相对风险规避系数。通过计算多个典型场景 s^* 的期望效用 U_E，可以根据上式反解出确定性当量 x^*，即保守的、实际用于决策的收益值：

$$U(x^*) = U_E \qquad (3-8)$$

3.2.3 电能量市场模块

电能量市场是以小时为单位的现货市场，采用多时段优先顺序法进行出清。本书所述的 3 种充裕度机制均包含较强的行政管制属性，在此条件下假设发电商在现货市场按成本报价。经济调度以发电成本最小为目标，可再生能源优先消纳，约束条件考虑了影响容量扩张的功率平衡约束、机组出力上下限约束、机组爬坡约束。

年度发电收入由 8760 时段的机组出力和电价确定；辅助服务收益按照美国 PJM 容量市场估算方法，固定为每年 10000 美元/兆瓦。

3.2.4 充裕度机制模块

本模块基于美国得州稀缺定价机制、智利容量补偿机制、美国 PJM 及英国容量市场机制，分别进行建模。

（1）稀缺定价

美国得州批发市场的结算电价除市场出清得到的节点边际价格外，还附加了运营机构根据运行备用需求曲线事后计算的价格增量。ERCOT 于 2014 年引入反映稀缺价值的实时备用价格增量，在安全约束经济调度后根据失负荷概率计算而来：

$$p_{adder} = (C_{VOLL} - \lambda_{LMP}) \times \pi(R) \tag{3-9}$$

$$\pi(R) = \begin{cases} \pi_{LOLP}(R - R_m), & R - R_m > 0 \\ 1, & R - R_m \leqslant 0 \end{cases} \tag{3-10}$$

$$\pi_{LOLP} = 1 - \pi_{CDF}(\mu, \sigma, R) \tag{3-11}$$

式中，p_{adder} 为实时备用价格增量；C_{VOLL} 为失负荷价值（value of lost load），也即价格帽；λ_{LMP} 为节点边际价格；$\pi(R)$ 为失负荷概率函数；π_{LOLP} 为失负荷概率；R 为实时可用备用；R_m 为系统备用裕度要求；π_{CDF} 是正态分布函数的累积分布函数，参数 μ、σ 分别为 8760 时段不同的均值、标准差，根据历史数据提前确定。

（2）容量补偿

在智利的现货市场中，发电企业上报运行成本而不报价，安全约束经济调度以发电总成本最小为目标进行。为了帮助边际机组 j 回收固定成本，监管机构通过设定容量补偿标准、计算有效容量来直接支付补偿费用。容量价格主要取决于系统峰荷时段运行的边际机组投资成本，并折算为年化值：

$$p_C = (1 + R_m) C_{F,j} \qquad (3-12)$$

$$C_{F,j} = \frac{rC_{I,j}}{1 - (1+r)^{-T_{L,j}}} \qquad (3-13)$$

式中，p_C 为单位容量补偿标准，$C_{F,j}$ 为边际机组固定成本（即年化投资成本）。在此基础上，监管机构通过峰荷需求确定总容量费，进一步分配到有效容量提供者中：

$$P_{CT}(y) = p_C \times \bar{D}(y) \qquad (3-14)$$

$$P_{C,i}(y) = P_{CT}(y) \times \frac{I_{k,i}(y)}{\sum_i I_{k,i}(y)} \qquad (3-15)$$

式中，$P_{CT}(y)$ 为总容量费；$\bar{D}(y)$ 为系统的平均峰值负荷，是一年中 52 个最高小时负荷的平均数；$P_{C,i}(y)$ 是支付给机组 i 的容量费；$I_{k,i}(y)$ 为机组 i 的有效容量，反映了峰荷时段的出力贡献，火电机组的取值一般为进入系统以来的平均可用容量。

（3）容量市场

在美国 PJM、英国容量市场拍卖中，运营机构制定需求曲线的关键步骤是计算目标年 y_t 采购的系统目标容量 I_s、新建参考机组（边际机组 j）净成本 C_{net}。本模型采用如图 3 – 4 所示的垂直形状的需求曲线，以恰好达到可靠性标准，关键参数由下式确定：

$$I_s = \frac{(1 + R_m) \times D_{\max}(y_t)}{\bar{f}} \qquad (3-16)$$

$$C_{net} = C_{F,j} - R_{E,j}(y_t) - R_{A,j}(y_t) \qquad (3-17)$$

其中，$\bar{f}$ 为全系统机组的平均等效可用率，$D_{\max}(y_t)$ 为目标年峰值负荷，容量市场出清的价格帽设为 $1.5C_{net}$。

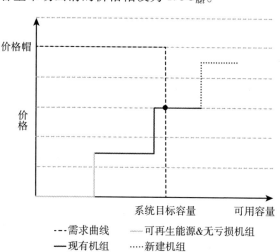

图 3 – 4　容量市场供需曲线

供应曲线由发电商的报价按低到高排列组成，对于现有机组，如果目标年 y_t 的期望净利润大于 0（无亏损机组），则报零价，否则申报未回收的成本缺口，因此现有机组的报价 $B_{e,i}(y_t)$ 可表示为：

$$B_{e,i}(y_t) = \begin{cases} -\dfrac{R_i(y_t)}{I_{k,i}(y_t)} & R_i(y_t) < 0 \\[4mm] 0 & R_i(y_t) \geqslant 0 \end{cases} \qquad (3-18)$$

对于新建机组，对于当前年度 y，第 $y + T_{C,i} + 1$ 年的供应曲线将包括机组 i 的新容量报价 $B_{n,i}(y + T_{C,i} + 1)$，该报价考虑了年化投资成本 $C_{F,i}$：

$$B_{n,i}(y + T_{C,i} + 1) = C_{F,i} - \frac{R_i(y + T_{C,i} + 1)}{I_{k,i}(y + T_{C,i} + 1)} \qquad (3-19)$$

发电商在容量市场的收入等于系统边际出清价格乘以中标容量。

模型仿真流程

编写 Python 程序实现模拟过程，仿真分析流程如图 3-5 所示。选择特定机制作为市场条件，市场主体基于预测场景进行单一能量市场、容量收益（如有）估算；估算得到的收益方案经风险规避处理，反映到经营决策中，决策的选项包括维持运营、容量退役及容量投资；最后从容量充裕度、机组净收益、社会福利三方面进行对比分析。

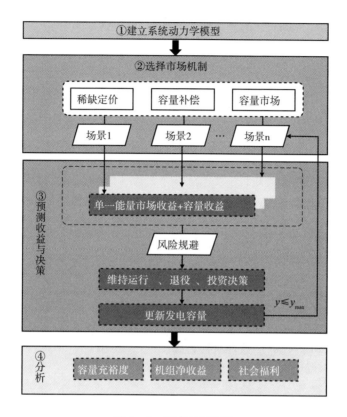

图 3 – 5　仿真分析流程

3.4 算例分析

本算例中，发电市场有燃煤 G1、燃气 G2、联合循环燃气 G3 三类技术的火电机组，初始数量分别为 140 台、80 台、120 台。各类发电技术的技术经济参数如表 3 – 1 所示。

表 3 - 1　　　　　　　　　　技术经济参数

技术类型	额定容量（兆瓦）	爬坡速率（兆瓦/时）	投资成本（美元/兆瓦）	运行维护成本（美元/兆瓦/年）	可变成本（美元/兆瓦时）	等效可用率（%）	建设周期（年）	生命周期（年）
G1	750	150	1400000	30000	42	90	4	40
G2	480	250	800000	20000	66	95	2	30
G3	175	70	500000	10000	162	92	2	25

仿真周期为 20 年，每年负荷增长设有高、中、低 3 种发展速度，对应年负荷增长率为 5%、4%、3%，实际取值在模拟过程等概率随机确定。起始年的时序负荷曲线采用美国某地区的 2016 年测量值；假设可再生能源（风、光伏）发电装机容量在政策激励下持续增长，增长曲线的趋势及有效容量系数由国际可再生能源署公布的《2021 年新能源发展情况报告》（*Renewables* 2021 *global status report*）整理获得，如图 3 - 6 所示。

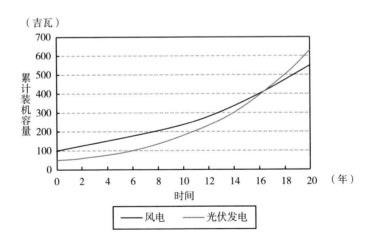

图 3 - 6　可再生能源发展曲线

此外，对折现率进行现实性检验与敏感性分析，证明取值对仿真的定性结论无明显影响，本算例设为8%。

定义S0~S3为如下4个情景：S0是单一能量市场基准情景，电力现货市场采用较低的价格上限，设为1000美元/兆瓦时。S1是稀缺定价机制情景，在S0现货市场出清的基础上，根据ER-COT的运行备用需求曲线计算价格增量，系统备用裕度要求为15%。结算电价上限取失负荷价值，设为9000美元/兆瓦时。S2是容量补偿机制情景，电能量市场运行与S0相同，容量费根据峰值负荷变化每年更新一次，参考机组为G3，系统备用裕度为15%。S3是容量市场机制情景，电能量市场运行与S0相同，容量拍卖以年为单位组织，新建参考机组为G3，按15%的备用裕度采购系统目标容量。

3.4.1　风险中立结果分析

（1）容量充裕度

当决策者的风险偏好为中立（A＝0）时，不同情景下G1~G3装机容量发展曲线如图3-7所示。

S0基准情景，随着可再生能源发电比例持续上升，火电收益空间逐渐缩小。在无充裕度机制保障的情况下，各类型机组均出现了严重的容量退役。第20年电力装机存量达到低谷，G1剩余容量42000兆瓦、G2剩余容量10080兆瓦、G3剩余容量1225兆瓦，与第1年相比分别减少了60.0%、73.8%、94.2%，火电总装机减少67.6%。

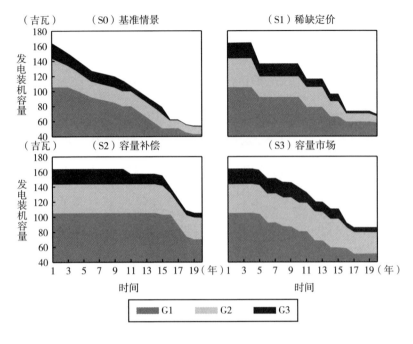

图 3 - 7　装机容量

　　从装机总量来看，S1、S2、S3 情景整体也呈现出下降态势，但是各年度存量均高于 S0，年均提升比例分别为 15.3%、54.8%、28.1%。S2 容量补偿机制下，火电存量保持最高且机组退役主要取决于寿命极限，仿真结束时总容量保留为初始年的 64.2%。S3 容量市场机制下，各年度的容量增幅（以 S0 为基准）最稳定，第 4 年后系统容量增幅的方差是 S1 的 0.22 倍、S2 的 0.09 倍。

　　从电源结构来看，S1 稀缺定价同时提高了 G1、G2、G3 的年存量，3 种发电类型均呈现较明显的阶梯下降趋势，仿真前 10 年（未发生机组服役到期）各保持着相对稳定的市场占比。S2 容量补偿机制下，随着服役时间较短的机组逐渐退出市场，G1 煤电的市场占比进一步提高。S3 容量市场对承担不同负荷类型的机组影响效果有明显差异：比之 S0，G1 作为基荷发电机组年均容量提升仅有 5.1%，而腰荷机组 G2、峰荷机组 G3 分别达到 99.3% 和 149.4%。

计算不同情景的可靠性指标如表 3-2 所示。随着容量大规模退坡，系统出现峰值负荷时，S0 基准情景的备用裕度长期小于零，最严重时失负荷期望（loss of load expectation，LOLE）达到 50 小时。引入充裕度机制后，峰荷备用裕度大幅提高，其中 S2 容量补偿情景的年均值最大，而 S3 容量市场情景最接近 15% 的可靠性标准。与此同时，失负荷情况得到显著改善，S1、S2、S3 年平均 LOLE 分别下降了 10.1 小时、11.4 小时、11.4 小时。

表 3-2	可靠性数据			
	基准情景	稀缺定价	容量补偿	容量市场
峰荷备用裕度（年平均）	-10.6%	3.9%	25.8%	13.4%
最大失负荷期望（小时/年）	50	13	2	2
平均失负荷期望（小时/年）	11.5	1.4	0.1	0.1

上述现象表明，尽管 3 种机制均显著改善了可靠性，但是稀缺定价机制通过单一能量市场的价格引导，优化得到的长期资源充裕度相对低于 S2、S3 情景。结合后面的社会福利分析，可以证明部分时段的负荷削减能够最大化经济效益，说明引入需求响应是电力市场优化资源配置的必要环节。此外，3 种机制电源结构的演化路径互不相同：容量补偿机制充分存续了系统初始的电源组合，容量市场机制侧重于促进边际机组的维持运营，稀缺定价机制均衡兼顾了各类型机组的装机保有量。

（2）机组净收益

定义机组单位容量净收益等于电能量、辅助服务、容量收入总和，再减去可变成本、运维成本及年化投资成本。图 3 - 8 给出了基荷发电机组 G1、腰荷发电机组 G2、峰荷发电机组 G3 的年净收益，阴影部分表示不考虑年化投资成本时，机组净收益随情景变化的范围。

分机组而言，G1 和 G2 当且仅当处于 S1 稀缺定价情景时，能够在部分年份中回收全部成本；S2、S3 情景的机组净收益高于 S0，但伴随时间的推移差距逐渐缩小。对于峰荷机组 G3，机制间的净收益波动（阴影面积）小于 G1、G2。分机制而言，随着新能源占比逐渐提高，S1 稀缺定价的机组净收益保持周期性波动，但是尖峰值呈现缩小趋势；S2 容量补偿的净收益曲线缓慢下滑，激励效果逐步弱化；S3 容量市场使基荷机组的净收益产生下降趋势，对腰荷、峰荷机组则相反。

上述现象说明，稀缺定价能够最直接解决 "missing money" 的回收问题。价格帽的松弛使得机组可以在供应紧张时段通过发电获得远高于运行成本的收入，延缓了容量的提前退役。容量补偿机制下，机组净收益波动小，但是仿真后期的装机过剩逐渐削弱了激励效果。容量市场机制存在相似的问题：随着时间发展，供给侧的过裕导致现货市场出清价格偏低，发电收入的减少抵消了额外的容量市场补贴，尤其对于更大程度依赖于电能量市场收入的非边际机组而言，净收益并无明显提高。长期来看，对发电机组进行容量付费会通过影响现货市场的运行，降低成本

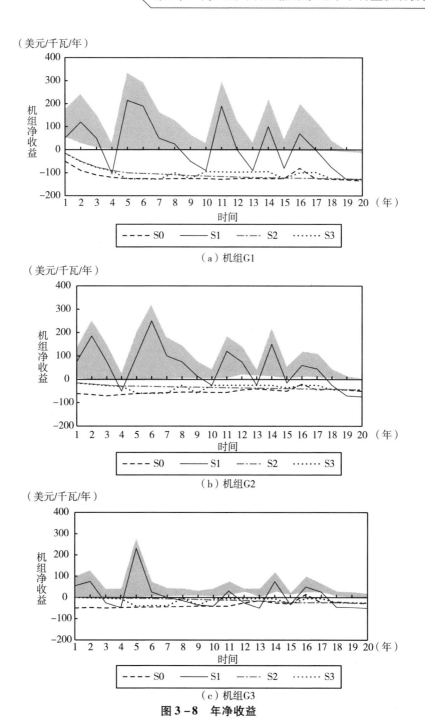

（a）机组G1

（b）机组G2

（c）机组G3

图3-8　年净收益

回收的效率。

(3) 社会福利

定义社会福利 $W(y)$ 等于消费者效用与发电总成本的差值：

$$W(y) = U_{con}(y) - C_T(y) \qquad (3-20)$$

式（3-20）中，$U_{con}(y)$ 表示消费者效用，$C_T(y)$ 表示发电总成本。以 S0 为基准，根据失负荷电量（expected unserved energy）E_u 及失负荷价值 C_{VOLL}，计算不同情景下消费者效用的变化量 $\Delta U_{con}(y)$ 为：

$$\Delta U_{con}(y) = -\Delta E_u(y) \times C_{VOLL} \qquad (3-21)$$

同理可得发电总成本变化量 $\Delta C_T(y)$ 及社会福利变化量 $\Delta W(y)$。统计 S1~S3 情景下的年平均数据，对比结果如表 3-3 所示。

表 3-3   社会福利数据

项目	S1 稀缺定价	S2 容量补偿	S3 容量市场
消费者效用变化量（百万美元/年）	+502	+539	+539
发电总成本变化量（百万美元/年）	+251	+975	+416
社会福利变化量（百万美元/年）	+251	-436	+123

由表 3-3 可知，稀缺定价和容量市场机制均可以增加社会福利；相反，容量补偿机制会导致社会福利的减损。S1 稀缺定价的优化效益最大，年均增量比容量市场高出 128 百万美元。在消费者效用层面，3 种机制均通过提高可靠性，充分限制了停电损失；在发电总成本层面，S1 稀缺定价情景耗费最少，仅为 S2 支

出的 25.7% 、S3 支出的 60.3% 。

从机制设计来看，在 S2、S3 情景下，占总收入比重大的容量收入取决于运营机构对中长期负荷的集中预测，而 S1 情景的稀缺收入依靠各个市场主体进行分散预测。理想情况下，如果供需信息能够被完美预测，则集中预测和分散预测对资源配置能够达到相同的优化效果。当预测存在不确定性时，运营机构在容量需求的制定中，通过设置全系统的裕度避免预测偏低产生电力缺口，与此同时，也造成了预测偏高带来的容量过剩问题；而在分散预测下，单个市场主体的预测失准对整体供需平衡的影响弱化，并且多个主体之间预测的高低差异存在互抵的效果。因此，对比 S1 情景，S2、S3 由于集中预测导致的容量过剩相对损害了社会福利，情况最严重的 S2 容量补偿，机组冗余付出的运维成本甚至使得社会福利远低于 S0。

3.4.2　风险规避结果分析

调整风险规避系数 A = 1、2、3，与风险中立时相比，火电总装机容量的变化如图 3 - 9 所示。随着风险规避系数的提高，S0 基准情景的容量曲线呈现下移。S2 容量补偿与 S3 容量市场的曲线变化趋同，整体的装机水平下跌，并且在高风险规避系数的情形中提前出现了拐点。S1 稀缺定价在仿真前半段容量曲线有明显的交错现象，是因为风险规避的意愿越强烈，退役现象产生得越早，供需形势的变化影响了后续年份的决策，导致阶梯状的下降规律失步。在 A = 0 与 A = 3 两种极端情形中，S1

累计装机容量的年均下降最多，达到 7.7 吉瓦，S2 与 S3 分别为 3.3 吉瓦、3.5 吉瓦。

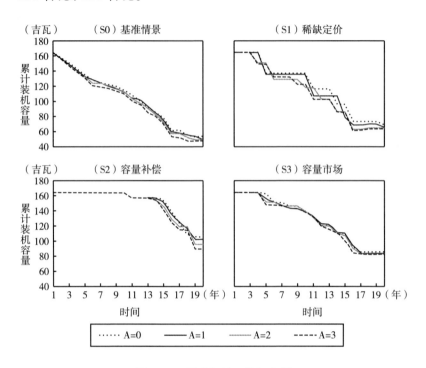

图 3 - 9　风险规避下装机容量

表 3 - 4 给出了不同风险规避系数下，各场景的年均失负荷期望、社会福利变化量（对比风险中立的基准情景）。由表 3 - 4 可知，在基准情景和稀缺定价情景中，年均失负荷小时与风险规避系数的关系为"此长彼长"，而容量补偿与容量市场机制则受影响较小。社会福利方面，随着风险规避系数增大，稀缺定价和容量市场机制仍然能够增加社会福利，但两者的变化趋势相反：S3 容量市场情景的社会福利增量持续扩大，而 S1 稀缺定价情景的社会福利增量开始减少，当 A = 2 时已经低于 S3 情景。容量补

偿机制下，社会福利随着风险规避系数的提高有所改善，但仍然处于受损状态。

表 3 – 4　　　　　　　　　风险规避系数敏感性分析

情景	平均失负荷期望（小时/年）				社会福利变化量（百万美元/年）			
	A = 0	A = 1	A = 2	A = 3	A = 0	A = 1	A = 2	A = 3
S0	11.5	14.7	17.7	30.7	0	− 150	− 378	− 1023
S1	1.4	3.8	6.4	7.9	+ 251	+ 194	+ 154	+ 63
S2	0.1	0.1	0.1	0.1	− 436	− 432	− 384	− 340
S3	0.1	0.1	0.1	0.2	+ 123	+ 145	+ 161	+ 194

上述现象说明，推行稀缺定价机制必须配套有效的风险规避工具，否则会对系统可靠性及社会福利带来不利影响。本研究暂未考虑市场主体通过金融衍生品进行风险控制的情景。实际上，稀缺定价配套单向差价合约、可靠性期权等方式在国外已有实践，组合方式有利于发电商提前锁定部分收益。在本算例中，若金融衍生品将市场环境的相对风险系数从 A = 3 降至 A = 0，社会福利增量大于付出的交易成本，则该模式仍然可以是最优的。

在容量补偿与容量市场情景中，风险规避型发电商维持经营的意愿低，通过容量的提前退役减少了相关成本。当失负荷未发生明显恶化时，二者对比风险中立情景均实现了社会福利的相对增加。但是基于统一补贴标准的容量补偿方式，仍然造成社会福利的绝对亏损，说明推行该机制应避免"一刀切"的全市场补贴，如按照机组类型分类补贴，以减少社会成本。对于容量市场，可以认为，当发电侧的市场主体存在较强烈的风险规避倾向时，反而可以利用该性质提升机制效益，在确保可靠性的前提下防止容量的冗余或过度投资。

 ## 3.5 仿真结论对我国的启示

构建新型电力系统形势下，合适的发电容量充裕度机制是电力市场长期、平稳运行的重要保障。本章通过建立系统动力学模型，研究了稀缺定价、容量补偿、容量市场 3 种典型机制的实施效果，主要结论以及对我国市场机制设计的展望如下。

1）引入充裕度机制可以显著解决系统潜在的资源不足问题，不同机制对发电结构的演化趋势影响不同。我国市场建设初期可以首先试行容量补偿机制，以快速弥补现货市场运行带来的火电企业亏损；但从长期来看，容量补偿机制不利于在低碳目标下减少煤电机组的市场份额，应逐渐过渡到市场化的稀缺定价或容量市场机制，侧重于促进边际机组的经营与投资。

2）风险中立时，市场化程度越高，充裕度机制对长期资源配置的优化效果越大。容量补偿机制虽然简单可行，但是牺牲了巨大的成本维持过剩的资源。随着我国电力市场运营机构规划能力提高，应推动容量市场建设以达到增加社会福利的长期目标。当市场主体不断成熟后，可以更大程度依赖稀缺定价释放价格信号，减少集中式容量管制对现货市场运行的影响。

3）与稀缺定价机制相反，容量补偿、容量市场机制对风险规避态度的敏感性小，且对比风险中立情境实现了社会福利的相对增加。我国建设充裕度机制必须考虑市场风险对实施效果的影响，从全社会最优的角度出发，可发展有效的风险规避工具配套稀缺定价机制，兼顾不确定性环境下的系统可靠性与经济性。

第 4 章
Chapter Four

适应中国电力改革现状的
容量市场设计

 构建多源电力市场成本回收体系

4.1.1　典型容量机制对中国的适用性分析

（1）稀缺定价：价格风险防控的难题

如前所述，在稀缺定价机制下，发电商一般通过峰值负荷期间出清的尖峰电价来获得巨额收益，从而回收固定成本。这种模式的应用需要考虑价格风险防控的问题，具体可以从市场监管者、市场投资者两个角度分析。稀缺定价机制一方面要求市场对电价的峰谷差具备较强的承受能力；另一方面也意味着发电商可能会在某些时段滥用市场力，施加物理或经济持留发电容量的行为制造稀缺电价，这种现象使电价偏离正常的充分竞争市场的电价水平。因此，市场监管机构需要具备较强的监管能力，识别发电商不合理的操纵行为。从市场投资者的角度来说，发电商赖以生存的尖峰电价是否出现及其高低程度存在较大的不确定性。而资本密集型的发电投资风险溢价是较高的，电源建设周期长、回收周期长，其成本回收和投资回报还受到能源战略、科技创新、经济发展等方方面面的影响。因此，不确定的稀缺电价难以为投资者和发电商的电源投资决策给出明确、持久的经济信号，风险仍然较高，这对发电商承受投资风险的能力提出了考验。

中国长期以来电价相对平稳，无论是市场监管者、投资者还是消费者，各方在短时间内都难以适应电价频繁、大幅波动。当前，中国电力市场建设仍处于起步阶段，为了适应当前状况平稳过渡并考虑国家宏观政策的影响，即便实行了稀缺定价机制，为降低价格风险，电能量市场的价格帽也会受到较严格的限制，难以真正符合该机制的经济学原理。

（2）容量补偿：行政干预市场的利弊

从机制的建设难度上看，容量补偿机制更适合在电力市场建设初期采用。这种机制无需大量的技术和经验储备，实操的可行性较高，建设难度相对较低；从机制的建设风险上看，容量补偿机制的系统补偿容量可由政府主管部门结合经济形势、市场供需等因素适度调整，保证对终端用电价格的影响可控，降低机制的建设风险，有利于实现从计划到市场的平稳过渡。发电商在容量补偿机制下，实行公平统一的容量电价补偿标准，且容量电价能够保持稳定，为发电商提供较为明确的收入预期。各机组补偿容量的核算充分考察其对系统的容量支撑作用，有利于激励机组保持可用性，保障供电的安全稳定可靠。

然而，从第3章的仿真分析可知，在容量补偿机制实施过程中，行政干预较强的特点可能导致社会福利的损失，与我国电力市场化改革的最终目标不符。此外，在构建新型电力系统背景下，容量补偿机制的局限性进一步凸显：随着补贴退坡的新能源、抽水蓄能、储能、虚拟电厂等新型主体逐渐进入市场，以分类监管、分类核算、分类补贴为基本思路的补偿方式大幅提高了执行难度，无法应对新主体新特性的行政干预将对市场效率带来负面影响，该机制的优势反而转为劣势。

（3）容量市场：长期规划运营的挑战

容量市场被认为是成熟电力市场对增量资源优化配置的有效手段之一，其对于我国电力市场体系的适配存在优势：一方面，建立容量市场符合建设全国统一电力市场的总体要求，行政调控与市场配置的兼容既可以立足国情、借鉴国际，促进市场主体平等竞争、自主选择，也可以协同推进市场建设与电网运行管理，防范市场建设风险；另一方面，建立容量市场能够充分适应构建新型电力系统的要求，通过分阶段扩大容量市场参与主体的范围，推进新能源的可信容量参与市场，促进多元灵活性资源挖掘可用容量，进一步与全国统一碳市场联动，建设考虑机组碳排放的容量市场，充分保证电源侧的低碳化、充裕性。

但是，在容量市场机制下，市场运营机构必须在距离目标年度前很长的时间尺度下提出系统容量需求信息，若无法给出较为精确的信息，则市场运营也容易偏离方向。因此，市场组织者需要具备对系统供需状况精确预估的能力。中国当前电力系统运行对负荷预测的依赖程度不高，也缺少对相应操作经验和历史信息的掌握，使容量市场运转存在技术"瓶颈"。此外，为保障容量市场发挥作用，市场运营机构需要进一步强化对信息披露、市场力监控的能力；及时披露系统中发电容量的长期供需状况，为发电商参与市场、投资决策提供经济信号；密切关注报价、出清等过程中是否存在滥用市场力的现象，避免因为某些参与者的操纵行为而破坏市场秩序、增加用电成本。监视、控制市场力既需要通过合理的法规政策来实现，也要考虑实际情况和经验手段。

4.1.2　考虑可再生能源配额制的成本回收体系

我国当前电力改革阶段，建设容量机制的迫切性主要集中在促进新能源消纳的常规火电机组的成本补偿上，避免调节资源的经济性退役。如表 4-1 所示，现货市场、辅助服务市场、容量市场中各类型机组呈现出不同的竞争力，电力市场的成本回收体系需要统筹多源特性。

表 4-1　　　　　　　不同类型电源竞争性对比

电源类型	现货市场		辅助服务市场		容量市场	
	边际成本	竞争力	灵活性	竞争力	可靠性	竞争力
煤电	高	弱	高	强	高	强
气电	高	弱	高	强	高	强

电源类型	现货市场		辅助服务市场		容量市场	
	边际成本	竞争力	灵活性	竞争力	可靠性	竞争力
核电	高	弱	低	弱	高	强
水电	低	强	高	强	高	强
风电	低	强	低	弱	低	弱
光伏	低	强	低	弱	低	弱
储能	低	强	高	强	高	强

针对风、光等可再生能源，目前我国实行的是保障性收购与市场化消纳共存的价格机制。保障利用小时数（合理利用小时数）以内电量，当前以燃煤标杆电价（部分省份以水电为标杆）统一收购；保障利用小时数（合理利用小时数）以外电量参与电力市场，以市场方式确定价格并保证其电量全额消纳。此外，随着国家发展改革委、国家能源局印发《关于建立健全可再生能源电力消纳保障机制的通知》，我国可再生能源配额制以可再生能源电力消纳责任权重的形式正式实施。配额制下，风电、光伏等新能源可以在电能量市场、绿色证书市场获取多重收益，足以覆盖容量成本。

考虑可再生能源配额制的多源电力市场成本回收体系如图4-1所示。煤电、气电机组在容量市场中回收的成本占比较大，而风电、光伏在保障收购的情况下，剩余成本主要通过配额制约束的绿证市场回收。未来，随着克服可再生能源出力不确定性的技术或市场机制逐渐成熟，可再生能源通过容量市场回收成本的比重将进一步提高，配额制引导的绿证市场将充分用于体现绿色电力的环境价值。

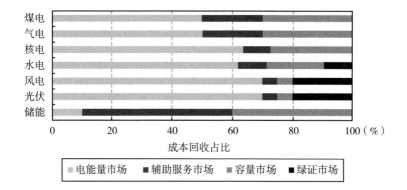

图 4 – 1　成本回收体系

 ## 中国容量市场设计基本原则

中国容量市场设计的总体原则为：协调全国统一电力市场建设，保障新型电力系统充裕性。具体需考虑以下四个方面的要求。

（1）统筹协调电力市场改革举措

电力市场体系设计是系统工程，牵一发而动全身。加强电力市场体系顶层设计，需要统筹考虑电能量市场、容量市场和辅助服务市场，甚至是碳市场、绿证机制等，既要考虑当前存量资源优化运行需要，也要考虑长期供给安全需要；既要考虑充分激励降低可变运行成本需要，也要考虑国有资产沉没成本回收需要；等等。容量市场可以填补发电资源电量收益与成本之间的差距，但不应将其当作确保发电资源利润的工具，应将容量市场视为一个安全保障，以补偿电量市场稀缺电价不足缺失的收益。

国外成熟电力市场体系建设与运营的经验表明，现货市场是整体电力市场体系的基础和依据。容量市场的出清价格一般也参考了现货市场的交易价格，容量市场出清后的中标装机容量确定了现货交易的电源结构。因此，电力现货市场无疑是整个电力市场体系的中枢和逻辑起点，强调逻辑起点是因为其他功能性市场几乎都服务于现货市场，或者从现货市场中派生出来。必须明确容量市场应作为能量现货市场的补充并配合辅助服务市场，进而实现电力市场的体系化设计。

（2）促进低排放火电、新能源、多元灵活性资源投资

容量市场设定的目的是保证电力供应的可靠性和长期充裕性，随着煤电逐步退出和可再生能源的高比例接入，为满足电力系统安全稳定和绿色可持续发展的双重要求，容量构成不应设置成为单一机组，而要适时将不同类型的机组有序引入容量市场，通过透明且无准入壁垒的市场规则来提升容量市场产品丰富度，增强市场抗风险能力。我国不同类型的机组有序引入容量市场可以大致分为两个阶段，第一阶段考虑将高可靠性的火电、气电、核电和水电机组等按地区实际情况纳入容量市场，充分进行市场交易，提供市场经验；第二阶段在市场较为成熟之后，再准许出力波动性较大的非水可再生能源进入容量市场。同时，容量市场的构成除了在发电侧引入不同类型的机组之外，还可以在需求侧通过需求侧响应、虚拟电厂、储能等方式参与容量市场，进一步提高电力系统的灵活性和稳定性。

在容量拍卖市场中，可能出现低效的老旧机组比新机组固定成本低的现象，低效的老机组在容量竞价中会更具竞价优势。因此，这些已经完成还本付息过程、收回固定成本的老旧煤电机组，将通过容量拍卖市场得到额外的收入，挤压高效灵活机组的发展空间，产生落后煤电产能难以退出市场的"激励扭曲"现象，破坏脱碳电力系统转型。因此，在容量机制设计中，需要发挥市场"看不见的手"的作用，让各类机组充分参与市场竞争，同时需要考虑由于早期投产煤电机组的固定成本低而造成的"激励扭曲"现象。通过完善环保等相关政策，设定更加严格的排放绩效，使部分老旧机组和高耗能机组加速退出，从而实现电源结构的低碳转型。

（3）基于机组容量充裕度贡献的激励相容理念

容量市场需求曲线设计中新建机组净成本的计算包含 2 个部分：第一部分是计算新建参考机组总成本；第二部分是计算参考机组在电能量和辅助服务市场的收入。两者都与参考机组的选择密切相关，因此，如何确定参考机组的型号直接影响着容量市场的运转效果。一般来说，水电、核电建设成本较高，而风电、光伏出力不稳定，对系统可靠性贡献低，都不适合作为容量市场设计的参考机组。美国天然气价格较低、燃气机组为主流，所以美国容量市场中主要以联合循环燃气机组作为参考机组。中国天然气资源少、气电成本较高，当前火电机组装机容量占比大，参考机组的选取应综合考虑建设成本和对系统可靠性的贡献，按省份或按区域因地制宜选取。

除了参考机组的选取，容量市场参与主体的报量、出清、结算等环节同样需要体现基于机组容量可信度或可信容量的激励相容理念，公平衡量各类电源、各台机组对系统发电容量充裕性的贡献，研定合理的评估方法来计算参与主体的有效容量资产，实现"谁提供可靠性谁受益，谁不提供谁受罚"的制度安排。

（4）支持容量互济的跨省跨区资源优化配置

考虑我国资源分布的禀赋，容量市场应在跨区跨省的市场上，与跨区跨省输电规划在一起，形成以市场为驱动的发电和输电一体规划的新模式。对于跨省、跨区进行电量消纳的发电项目，国家在统一规划中已经统筹考虑了电源和用电的布局、输电输煤的技术经济比较，这些电厂的容量市场、电能量市场和辅助服务市场都在电量落地的目标省，应当与目标省市场内的电厂同等待遇。此外，容量市场还应考虑大水电的消纳及新能源在更大范围内的消纳，成为跨省跨区交易中引导电源、电网布局与结构的重要交易品种。

 4.3 中国容量市场建设基本框架

依据前述基本原则，本节提出高比例可再生能源渗透率下的中国容量市场机制设计。容量市场分阶段设计方案如图 4 – 2 所示。

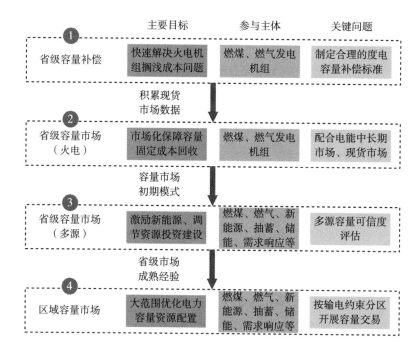

图4-2　容量市场分阶段设计

　　第一阶段是以容量补偿为实质的过渡阶段，其主要目标是解决现货市场运行、高比例可再生能源渗透率下的火电机组搁浅成本问题。与当前我国广东、山东的补偿规则类似，参与现货市场的燃煤、燃气机组可以获得基于电量的、统一补偿标准的容量收益。第一阶段实施的容量补偿机制有助于厘清市场中不同类型火电机组的功能定位，在具体实践中优化机组有效容量的测算方法，同时积累现货市场运行数据，支撑容量市场的正式开展。

　　第二阶段是面向火电机组的省级容量市场运行，其主要目标是通过市场化手段保障固定成本回收和长期电能供应安全。容量市场的运行涉及目标年系统最大负荷的预测，由于我国各省份气象条件、产业结构、人口密度等影响电力消费的因素差异较大，为了保证中长期负荷预测的准确性，并有效衔接省级电力现货市场（参与容量市场的主体通常要求必须在现货市场中报价），与"统一市场、两级运作"的电力市场建设方案相适应，因此首先以省级行政区域为单位，启动省级容量市场试点。此阶段的关键问题是考虑容量市场与电能量市场的衔接，尤其我国目前中长期价格较高，保障了机组的部分容量收益，因此在容量市场设计中需要考虑中长期市场的可能收益，防止出现过补偿或欠补偿的情况。

第三阶段是在初期容量市场的运营模式基础上，增加新能源、抽水蓄能、储能、需求响应、虚拟电厂等新型参与主体，将多种容量资源对系统的可靠性贡献货币化，激励新能源和调节资源的投资建设。我国容量市场初期只开展煤电、气电容量市场，旨在维持火电的运营以保障新能源消纳空间，当市场发展成熟后，鼓励储能、需求响应等具有快速响应能力的容量资源参与竞争，并考虑像美国 PJM 一样，设计允许新能源同时参与现货市场、容量市场、绿证市场的模式，实现各市场有效衔接。该阶段中，包括省内、省外的多类型资源容量可信度评估是机制设计的关键问题，其对于市场力防范、市场价格真实体现容量价值至关重要。

待省级容量市场发展成熟后，应适时开展跨省跨区的区域容量市场，考虑区域内部的输电传输容量约束，建设分区的区域容量市场，确定区域容量市场子区的可靠性目标，促进电力容量资源更大范围的优化配置。

4.3.1　总体架构

为支撑容量市场的起步运行，本节重点针对第二阶段省级容量市场（火电）进行设计。总体结构如图4-3所示。

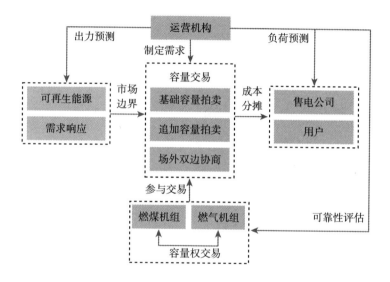

图4-3　容量市场总体架构

运营机构作为统一采购容量的代理，对目标年的峰值负荷进行预测，制定引导容量交易的系统容量需求。容量交易的方式包括基础容量拍卖（提前时间较长）、追加容量拍卖（提前时间较短）及场外双边协商（任意时刻进行），可再生能源、需求响应等非容量市场主体的出力预测作为市场边界，而燃煤、燃气机组参与净负荷需求的竞标。中标的容量资源可自主进行二级市场的容量权交易，并在目标年接受所承诺可靠性的考核。中标且满足容量义务的资源可在目标年获得收益，成本由售电公司及用户分摊，反之需要支付惩罚费用。

4.3.2　市场主体

（1）燃煤、燃气机组

在构建新型电力系统的目标引领下，大力发展水电、风电、光伏等清洁能源是国家现阶段推行的能源发展战略，意味着火电将逐渐从主力电源过渡到备用、调峰电源，面临发电量下降、收入不确定性增大的问题。随着电力现货市场不断推进，电价逐渐向发电机组的变动成本回归，火电机组的搁浅成本问题亟待解决。为了避免火电容量提前退坡对系统稳定性带来影响，我国省级容量市场初步面向燃煤、燃气机组，包括省内省级及以上调度并经政府准入的燃煤机组、燃气机组及以"点对网"专线输电方式向省内送电的省外机组，帮助解决固定成本回收的问题。除了现有机组外，预计在目标年前完成满负荷试运行的新建发电机组也可参与拍卖年的容量市场交易。

火电机组可供应的容量，即有效容量，通过等效可用系数对装机容量进行调整得到：

火电机组有效容量＝火电机组装机容量×等效可用系数

其中，等效可用系数指的是机组可用小时减去机组降低出力等效停运小时与机组的统计期间小时的比例。

（2）其他类型发电资源

对于燃煤、燃气以外其他类型的发电机组，考虑水电和核电受地理位置与规模经济的约束，每年新增水电和核电机组不多，对于这类电源，可采用招投标的方式来确定新增容量与容量价格，选择中标主体；确定容量价格后，在水电和核电的运营生命周期内，每年均按此容量价格结算机组容量收益。对于风、光等新能源，2021 年以前的存量项目多采用固定上网电价全额消纳，固定电价里已经考虑了新能源发电的全成本；2021 年以后的增量项目，不再享有上网电价补贴，其绿色附加价值可通过绿色证书交易市场、绿色电力交易市场体现，此外，新能源发电采取全额消纳、保量不保价的方式参与市场，有能力回收固定投资成本。因此，市场初期风电、光伏等新能源可不参与容量市场，待省内享有固定补贴的项目达到合理利用小时数、新能源参与现货市场机制成熟后，再考虑像英国、美国 PJM 容量市场一样，允许新能源直接或聚合参与。

此外，大规模可再生能源发电并网后单纯依赖发电侧资源不能完全满足可再生能源作为电网主力发电形式下电力系统可靠、安全、高效运行的要求，必须挖掘新的可用资源，包括需求响应、储能等应对以可再生能源为主的电力系统对于灵活性调节资源的需求。国外容量市场中，规模以上储能或小规模储能聚合的主体可以直接作为容量资源参与市场，而需求响应的参与模式有所不同，PJM 容量市场中的需求响应（除价格型需求响应）可以作为发电资源直接参与容量拍卖，英国需求响应则只作为一种可预测的变化负荷间接参与容量市场。随着市场运行数据的积累及负荷预测能力的提高，我国容量市场可考虑将规模以上的需求响应作为发电资源直接参与容量市场。

4.3.3　交易品种

容量市场交易品种以场内集中竞争交易为主、场外双边协商交易为辅，双边协商交易的结果作为集中竞争交易市场出清的边界条件，允许二级市场的容量权转让。

（1）双边协商交易

双边协商交易是指承担容量义务的需求方与容量资源提供者之间自主协商交易合约目标年、合约有效容量、交易价格等要素，形成交易合同的交易方式。合同必须在规定时间内提交至交易系统，在集中竞争市场最后一次追加容量拍卖结束后，系统不再接收标的年双边合同信息申报。

（2）集中竞争交易

集中竞争交易是指在交易系统集中组织开展的，由市场主体申报交易意向，运营机构提供容量需求曲线，交易系统自动撮合匹配形成交易结果的交易方式。集中竞争交易分为基础容量拍卖、追加容量拍卖两类，每次拍卖时，将当前双边协商交易的结果作为边界条件，即合同约定的有效容量在拍卖中优先出清。

为了便于规划，确保新建容量在容量市场中标后，可以完成建设并于目标年顺利投产，需要合理设定基本容量拍卖的提前年限。美国 PJM、ISO-NE 容量市场的提前时间为 3 年，英国容量市场提前时间为 4 年。对于我国，根据电力规划设计总院编撰的《火电工程限额设计参考造价指标（2019 年水平）》数据，电厂新建各类型机组的建设工期如表 4-2 所示。

表4-2	火电机组建设工期			单位：月
类型	容量	性质	1 号	2 号
燃煤机组	2×350 兆瓦	新建	22	24
	2×350 兆瓦	扩建	20	22
	2×660 兆瓦	新建	24	26
	2×660 兆瓦	扩建	22	24
	2×1000 兆瓦	新建	26	29
	2×1000 兆瓦	扩建	24	27
燃气机组	300 兆瓦级（一拖一）	新建	20	23
	300 兆瓦级（二拖一）	新建	20	23
	180 兆瓦级（一拖一）	新建	14	17

根据表 4-2 数据，建议我国省级基础容量拍卖提前 4 年进行，由于拍卖提前时间较长容易造成容量的交易不够灵活，可进一步分别组织提前 2 年、1 年开展追加容量拍卖，以更新由于负荷预测不准、新容量建设进度不达标带来的供需变化。

（3）容量权转让交易

在基础容量市场与增量容量市场中中标的供应商，若由于项目延迟、取消或减少容量交付，或因电源本身原因无法在交付年交付中标容量，则可在此市场开展转让交易。容量权只能在同一类型电源之间，或由高排放类型电源向低排放类型电源转让。在容量权转让市场的交易平台上，出让方以挂牌方式申报拟出让容量，受让方摘牌即表示接受出让方的出让容量和出让价格。

容量市场中的双边协商相当于现货市场体系下的中长期金融市场，基础容量市场和增量容量市场相当于现货市场体系下的现货市场。双边协商市场、基础容量市场和增量容量市场是在不同时间进行的一级交易市场，而容量权转让交易是二级交易市场。

4.3.4　容量拍卖

（1）容量需求

美国 PJM、ISO-NE、NYISO 容量市场均根据目标容量的预测值制定了三段式的可变资源需求曲线，英国容量市场也通过制定系统经济最优、保障目标安全容量来确定倾斜需求曲线。可变、倾斜需求曲线的优点包括：① 面对不确定的负荷增长、天气状况和容量故障，可用容量不足的概率永远不会等于 0；② 降低大型供应商在容量市场行使市场力的风险；③ 超额的容量可以减少稀缺电价的频率和持续时间；④ 容量价格波动性的减少可以降低投资风险。

我国省级容量市场需求曲线同样采用倾斜向下的方案。如图 4-4 所示，横坐标为有效容量，纵坐标为容量价格，需求曲线由 a、b、c 三个关键点构成。

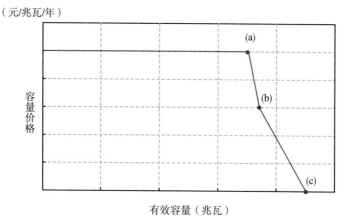

（元/兆瓦/年）

图4-4　容量需求曲线

图中 a、b、c 三点坐标具体可以表示为：

点 a 横坐标 = 峰值负荷 × 有效容量需求系数 × (100% + 装机备用裕度 - 移动系数 a)/(100% + 装机备用裕度)

点 a 纵坐标 = 1.5 × 新机组净进入成本

点 b 横坐标 = 峰值负荷 × 有效容量需求系数 × (100% + 装机备用裕度 + 移动系数 b)/(100% + 装机备用裕度)

点 b 纵坐标 = 0.75 × 新机组净进入成本

点 c 横坐标 = 峰值负荷 × 有效容量需求系数 × (100% + 装机备用裕度 + 移动系数 c)/(100% + 装机备用裕度)

点 c 纵坐标 = 0

其中，移动系数 a 设为 0~3%，移动系数 b 设为 0~3%，移动系数 c 设为 5%~10%，各点系数需根据市场运行情况进行动态修正，如实反映在不同充裕度水平下发电容量的真实价值，并及时向市场主体披露。

新进成本（cost of new entry，CONE）指的是参考机组考虑最低投资回报率的平准化成本（levelized cost of electricity，LCOE）。而新进净成本（net CONE）指参考机组的 CONE 减去全生命周期的期望电能量收入、辅助服务收入、供热收入。现阶段国内燃气购买成本高，由于燃气发电机组的技术在国内发展时间相对较短，导致其运营和维修成本也较高。鉴于"双碳"目标下的限煤形势，容量市场设计中的参考机组可以选择该省历史运行实际中边际小时数最多的燃气轮机，并根据工程造价、燃料价格的变动水平进行定期的更新测算。

（2）容量供给

允许参加容量市场拍卖的资源按照所在位置可分为运营区内的、区外的；按照是否已建成，可分为现有的、规划的。任何需要参与区内电能量市场交易的发电机组都必须参加容量市场，容量市场中标的资源也必须在日前电能量市场中报价。

每次拍卖中，容量资源提供者的基本申报信息如图 4-5 所示。

容量资源类型		分段	最小MW	最大MW	报价
等效可用系数		1			
规划新建容量	▼	2			
	是	3			
	否	…			
		10			

图 4-5 容量供给申报

申报内容包括资源类型（燃煤、燃气等）、等效可用系数、是否规划新建容量及分段的量价信息。等效可用系数由市场运营方出具拍卖年前 3~5 年各机组的峰荷时段可用性数据，市场主体基于该数据自行参考申报，申报数值在历史年最大、最小可用系数限制的区间内。在最后一次增量拍卖时，市场运营方将根据最近1个交付年的实际等效停运情况，强制修正各类型容量的等效可用系数。

分段量价方面，要求每段报量最少为0.1兆瓦，最多申报10段；每段报价的上下限因机组类型各有不同，最低报价设置为对应类型机组净CONE的70%~90%，最高报价设置为对应类型机组净CONE的100%~120%。对于规划发电容量资源，必须在开市前为每次拍卖缴纳一笔单独的信用金，如果总报价超出了当前信用金额度，则无法参与。

4.3.5 结算机制

容量市场出清的目标是最小化有效容量采购成本，通过混合整数线性规划方法进行求解。目标函数为：

$$\min Z = \sum_{i,seg} BidPrice_{seg} \times BidMW_{seg} - \sum_{seg} CurvePrice_{seg} \times CurveMW_{seg}$$

$$(4-1)$$

式（4-1）中，$BidPrice_{seg}$ 是容量资源的分段报价，$BidMW_{seg}$ 是该分段出清的有效容量；$CurvePrice_{seg}$ 是需求曲线线性化的分段价格，$CurveMW_{seg}$ 是该分段出清的有效容量。已签订的双边协商合约为金融性质，不作为集中竞争容量市场开展的边界条件，只需在交付年开始之前将双边协商合约提交给容量市场运营机构，与主容量市场出清价格做差价结算。

在容量市场中标的供应商有权签订容量合约，合约规定的容量收入等于供应商出清的容量乘以系统边际价格。容量市场的成本分摊对象包括供售电的电网企业、售电公司及批发市场用户。目标年内，上述的每个成本分摊对象都必须缴纳容量费，其费用等于容量义务乘以容量价格。为了与国内按月结算电费的现状相适应，容量市场的结算按月进行。

（1）发电企业结算

运营机构在基础容量市场和追加容量市场中统一购买系统需求容量，按月支付发电企业在容量市场的收益。场外双边协商与容量权转让市场交易的结算在交易双方之间进行。计算公式为：

$$R_{C,j} = \frac{L_j}{\sum\limits_{i=1}^{12} L_i} \times R_C \qquad (4-2)$$

式（4-2）中，R_C 是运营机构在基础容量市场、两次追加容量市场中购买的容量总费用；$R_{C,j}$ 是运营机构分摊到第 j 月的购买容量费用；L_i 是最近 3 年系统第 i 月的平均最大负荷。

发电企业每月的容量收益为：

$$R_{k,j} = \frac{Q_k}{\sum\limits_{m=1}^{M} Q_m} \times R_{C,j} \qquad (4-3)$$

式（4-3）中，$R_{k,j}$ 是机组 k 在第 j 月的容量市场收益；Q_k 是机组 k 在目标年容量市场中的中标容量；m 是容量市场中标的机组数。

在目标年每月，运营机构对中标机组的峰荷可用性进行考核，达标的机组获得合约收入，而未能履约的机组需予以惩罚，罚金等于罚款费率乘以考核时段容量缺额，罚款费率设为合约价格的2倍。

（2）售电公司/用户结算

容量费用按照负荷比例分摊给用户，由于电力负荷具有按天、按周、按年周期性变化的特点，选取每月中系统负荷最大的4~5天（每周选取1天），定义为峰荷日。计算峰荷日的最大负荷平均值及售电公司/用户在相应时刻的用电负荷平均值。按照用电负荷平均值占峰荷日的系统最大负荷平均值比例，计算售电公司/用户该月需要分摊的容量费用。计算公式如下：

$$R_{n,j} = \frac{\bar{L}_{n,j}}{\bar{L}_j} \times R_{C,j} \qquad (4-4)$$

式（4-4）中，$\bar{L}_{n,j}$ 是某售电公司或用户 n 在第 j 月峰荷日最大负荷时刻的用电平均值，$\bar{L}_j$ 是系统在第 j 月峰荷日的最大负荷平均值。

4.4 中国容量市场运行配套机制

4.4.1 容量市场信息披露

发电是资本密集型行业，如前所述，投资者属于风险厌恶型。为了有效吸引新的投资进入市场，需要加强容量市场信息披露以增强投资者信心。运营机构在集中式容量市场中扮演最重要的角色，通过设定一个目标容量水平，且容量价格在不同的容量需求变化下产生波动，帮助发电企业根据负荷变化情况进行投资决策，也使得平均投资成本不会过高，最终降低终端用户的电价。但是，该机制的核心是表征容量电价与总容量的函数关系的容量需求曲线，该曲线如果不能如实地动态反映在不同容量充裕度水平下发电容量的真实价值，对最终市场形成的容量电价水平影响极大。

因此，容量市场信息披露的关键环节是系统容量需求曲线的公开，根据曲线的制定流程具体又包括长期资源充裕度评估、曲线参数设定、参考机组净成本测算等内容。以美国 PJM 为例，其隶属于北美可靠性体系，由 NERC 负责长期充裕度评估，预测未来 10 年的峰值负荷并制定满足可靠性要求的备用裕度。我国容量市场运营机构应在现货市场数据积累的基础上，提高中长期负荷预测精度，并在拍卖前根据目标年最新的峰值负荷预测更新容量需求曲线，追加拍卖则用于采购或释出前序拍卖与最新需求的不平衡量，最终容量价格由第二次追加拍卖需求曲线决定。

备用裕度是确定容量需求曲线的参数之一，对于发电主体而言是关键的电力资源长期需求信号。我国在容量市场初期，备用裕度由电网企业根据安全运行规程设置为固定值，一般为 10%～15%；在市场成熟期，备用裕度参考英国、美国容量市场方式，通过经济效率最大化的模拟分析法确定。主要步骤如图 4－6 所示。

图4-6　模拟分析法

1）计算参考机组进入成本、全社会失负荷价值，由此得到最优失负荷期望（小时/年）：

$$失负荷期望 = 参考机组进入成本/全社会失负荷价值$$

其中，全社会失负荷价值根据省级区域内各个行业的生产总值，按年用电量加权得到。

2）根据机组发电成本测算及容量市场历史运行数据，模拟资源提供者的容量市场报价曲线。

3）在容量市场报价曲线上寻点，通过模拟生产调度使失负荷期望等于步骤（1）的最优值，该点横坐标即为系统目标有效容量。

4）结合峰值负荷预测，推导得出系统备用裕度。

经过以上步骤测算得到的备用裕度结果，应在基础容量拍卖开始前向市场主体披露，在后续的追加容量拍卖中原则上不进行重大改动。此外，运营机构需要定期更新的主要参数如表4-3所示。

表 4 – 3   运营机构定期更新参数

参数	描述
目标年峰值负荷预测值	随着目标年逼近、负荷预测精度提高，配合多拍卖机制修正系统采购需求，避免容量冗余
失负荷价值	表示单位停电的损失，与不同时期的社会经济发展情况相关，影响最佳容量备用裕度的确定
系统容量备用裕度	采用模拟分析法后，与系统每年电源组合的生产模拟相关，直接影响集中采购的需求量
机组等效可用系数	根据最近年份的现货市场运行结果，基于机组的被调度情况更新等效可用系数，公开容量市场供给侧不同类型机组的有效容量数据
容量需求曲线移动系数	定期评估容量市场对新建机组的投资激励效果，研判是否增加或减少需求曲线的价格弹性
边际机组新进成本参考值	根据最新的边际机组限额设计造价指标，定期评估参考机组的类型选取及其新进成本变动，修正容量需求曲线的关键点坐标
边际机组电能量与辅助服务净收入参考值	按照最近年份的电能量市场、辅助服务市场运行情况，测算边际机组净收入参考值，修正容量需求曲线的关键点坐标

4.4.2　容量市场价格风险防控

为了防止容量市场价格波动过大或价格太低无法激励新机组投资，对燃煤、燃气机组参与市场的具体报价进行如下限制。

（1）燃煤机组竞价规则

当前，煤电机组的装机容量在全国电力系统的占比较大，而大容量、低排放的燃煤机组是现阶段投资商主要投资的煤电机组类型，也是国家推进低碳能源发展战略所倡导的燃煤机组发展方向，因此可以选取某一容量级别的大容量、低排放的新进燃煤机组作为参考类型，并根据市场实际运行情况，核定该类型新建机组的 CONE、电能量收入、辅助服务收入、供热收入作为煤电机组容量市场报价区间（包括上限和下限）的限制依据。

（2）燃气机组竞价规则

现阶段国内燃气购买成本高，由于燃气发电机组的技术发展尚未成熟，导致其运营和维修成本也较高，在一定程度上限制了其装机容量的发展。按照类似的方法，可考虑选择某类较为主流的燃气轮机作为气电的参考类型机组，核定该类型机组 CONE、电能量收入、辅助服务收入、供热收入，作为气电机组容量市场报价区间（包括上限和下限）的依据，从而以容量市场机制保障回收燃气机组在能量市场和辅助服务市场中回收不了的成本，激励新增燃气机组的投资。

除了市场出清层面的价格稳定措施，发电企业、售电公司或参与电力批发市场的大用户还可以在容量拍卖开展之前采用双边协商的方式签订容量合约，提前锁定容量价格，规避基础容量市场和追加容量市场的价格风险。双边协商容量合约为差价合约，以第二次追加容量拍卖的出清价格为参考价格，当双边合约价格高于参考价格时，容量买方需支付卖方双边合约与参考价格的价差；当双边合约价格低于参考价格时，容量卖方需支付买方参考价格与双边合约的价差。

4.4.3　能量市场中市场力抑制

美国 PJM 电力市场的市场力监管理念不允许发电主体的经济持留，由于容量市场为发电主体提供了容量收益，PJM 限制了电能量的报价上限（1000 美元/兆瓦时），并在电力市场采取更加严格的市场力监控手段：① 容量拍卖市场和现货市场采用 3 个关键供应商测试法控制卖方市场力；② 容量拍卖市场中引入最小报价规则来保证容量拍卖的最低价格下限，防止买方市场力；③ 日前市场机组组合出清后需要开机的机组，仅允许下调报价，不允许上调报价。

为保障我国省级容量市场的有效运行，市场设计中必须考虑对发电企业市场力的抑制。将发电机组在容量市场的收益直接与其在能量市场上的行为相关联，是有效抑制在能量市场上动用市场力的重要举措。

如图 4-7 所示，当机组在能量市场动用市场力抬高价格时，往往会作为边际机组出现，其资产利用率较同类型其他机组将会下降。可根据机组在能量市场上的资产利用率计算其有效容量，而机组有效容量作为容量市场拍卖标的物，直接影响容量收益的高低，由此形成的闭环负反馈将对市场力的使用产生抑制作用。

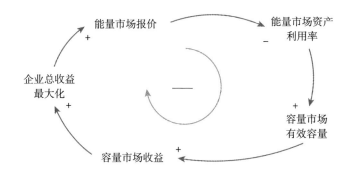

图 4 - 7　能量市场与容量市场联动

　　上述联动过程中，除了核算有效容量限制机组的可申报量，还可以根据电源有效容量的不同，在容量结算环节给予不同的收益奖励或扣除，体现容量市场上中标容量对能量市场贡献效益的差异性。具体地，将机组按边际发电成本进行细分，在容量市场结算时，对同类型电源中年利用小时数高于同类型电源平均利用小时的机组给予容量收益奖励；对年利用小时数低于平均利用小时数的机组，则扣减部分容量收益。该方法通过将容量市场收益与能量市场行为相关联，可有效规避能量市场风险激励发电机组在能量市场中按各自成本报价，不过度投机或动用市场力，否则需承担容量惩罚风险从而达到抑制市场力的目的。

 4.5 ｜ 基于收益估算法的新型容量市场初探

　　上述章节描述了我国容量市场建设的基本框架，以及为保障平稳运行需要配套的风险防控措施。在国际经验与第 3 章的仿真分析中,已经证明了容量市场存在"供养"冗余资源、干扰电能量市场等方面的缺点,为了解决这些问题,本节提出一种基于收益估算法的新型容量市场设计。

4.5.1 收益估算法基本原理

在集中式市场中,买卖双方需要提交相应的报价。简单的市场中买卖双方均申报一部制价格,如电力市场中申报单一能量价格。在市场主体的成本结构、效益结构比较复杂时,常常采用多部制报价的机制。例如,多数电力现货市场中允许电厂采用包括启停成本、空载成本(或最小出力成本)、微增成本的三部制报价。多部制报价下,如果在结算机制下生产者的收入小于总成本,需要对差额部分进行补偿(即全成本补偿)。

收益估算法合约属于差价合约的一种,是政府与发电企业签订的一种特殊的合约:给定发电机组的容量成本和可变成本,根据现货市场中对机组收益的估算及全成本的估算进行合同的结算。基于收益估算法的差价合约在新加坡、加拿大安大略省等市场中都有典型应用。其中,在新加坡,针对燃气机组设计了基于收益估算法的合约:根据市场价格与可变成本的比较确定机组是否应该出清,进而估算机组可能出清的电量、获得的收益及发电成本,最终根据多退少补的原则确定容量合同的结算。

4.5.2　新型容量市场设计思路

新型容量市场的设计是对容量市场机制、稀缺定价机制、收益估算法机制的融合与改进，基本思路如图4-8所示。

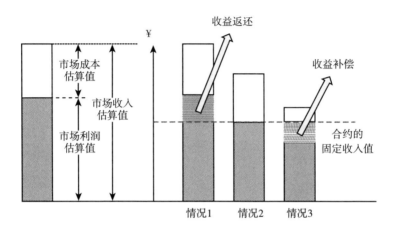

图4-8　新型容量市场结算基本思路

1）现货市场中实施稀缺定价机制，对能量及辅助服务不设价格帽，可以参考欧洲市场设置技术上的价格帽。稀缺定价机制可以避免现有市场中的扭曲，还原市场的真实价格信号，有效指导储能、需求响应等灵活性资源的投资。

2）远期市场上由市场运营机构组织集中的容量拍卖。容量拍卖可参考美国电网运营商 PJM、NYISO 及英国等容量市场的做法。在出清中，综合考虑机组的容量报价、能量多部制报价进行出清。对于约束的考虑除了现有的机组技术约束、系统运行约束，还应综合考虑电力系统发展的需要、政策目标的满足，如区域能源发展约束、碳排放约束、某类机组的发展约束等。目标函数为：

$$\min \sum_{i \in G} c_{i,t}^{\mathrm{Ca}} \times P_i + \sum_{i \in G} \sum_{t \in T_y} y_{i,t} \times (C_i^{\mathrm{U}} + C_{i,t}(p_{i,t}) + C_i^{\mathrm{NL}})$$

$$(4-5)$$

s. t.

$$\sum_{i \in G} p_{i,t} = \sum_{j \in D} L_{j,t} \qquad (4-6)$$

$$y_{i,t} \times P_i^{\min} \leqslant p_{i,t} \leqslant y_{i,t} \times P_i^{\max} \qquad (4-7)$$

$$P_i \leqslant (1 - \kappa_i) P_i^{\max} \qquad (4-8)$$

$$p_{i,t} - p_{i,t} \leqslant \Delta p_i^{\mathrm{U}} \times y_{i,t-1} + P_i^{\min}(y_{i,t} - y_{i,t-1}) + P_i^{\max}(1 - y_{i,t})$$

$$(4-9)$$

$$p_{i,t-1} - p_{i,t} \leqslant \Delta p_i^{\mathrm{D}} y_{i,t} - P_i^{\min}(y_{i,t} - y_{i,t-1}) + P_i^{\max}(1 - y_{i,t-1})$$

$$(4-10)$$

$$-P_l^{\max} \leqslant p_{l,t} \leqslant P_l^{\max} \qquad (4-11)$$

其中，T_y 为一年的所有小时数，C_i^{U}、$C_{i,t}$ 和 C_i^{NL} 分别表示机组 i 的启停费用、电能量费用和空载费用，$y_{i,t}$ 为机组启停的 0 - 1 变量，$c_{i,t}^{\mathrm{Ca}}$ 为机组 i 的容量报价，P_i 为容量市场出清量。

式（4 - 6）表示系统功率平衡约束，$L_{j,t}$ 表示系统在时段 t 的净负荷，G 为电源集合，D 为系统中所有负荷集合。式（4 - 7）为功率约束，$P_i^{\max}$、$P_i^{\min}$ 是机组出力上下限。式（4 - 8）是容量出清约束，κ_i 为机组 i 的等效停机率，基于历史数据计算得出，$P_i^{\max}$ 为装机容量。式（4 - 9）是爬坡约束，Δp_i^{U} 为机组 i 的最大上爬坡速率，Δp_i^{D} 为最大下爬坡速率。式（4 - 10）是网络约束，

$p_{l,t}$为线路（断面）l的潮流功率，$P_l^{\max}$为线路（断面）l潮流功率约束。

3）容量拍卖市场上中标的机组可以获得基于多部制收益估算的容量合同，定义投资回报率参考值。

4）参与现货市场机组依据电能量市场收益及投资回报率期望进行报价，报价中主要考虑机组启停成本、空载成本、边际成本等。

5）基于收益估算法，根据市场规则及机组的市场收益和全成本估算进行容量合同的结算，若机组投资回报率低于允许区间最小值，则对其进行补偿，如果高于允许区间最大值，则认为机组收益过高，收回其过高收入。公式如下：

$$R_m^c = \begin{cases} R_m^{csp} & R_m^{fix} \geq I_m^{market?} \\ -R_m^{rsp} & R_m^{fix} < I_m^{market?} \end{cases} \qquad (4-12)$$

$$R_m^{csp} = R_m^{fix} - I_m^{market} \qquad (4-13)$$

$$R_m^{rsp} = \eta(I_m^{market} - R_m^{fix}) \qquad (4-14)$$

式中，R_m^c为结算月 m 的合同结算收益；R_m^{fix}为根据事后复盘计算得到的估算收入；$I_m^{market?}$为基于实时市场电价和机组可变成本的市场利润估算值；R_m^{csp}为容量供应商获得的补贴收益；R_m^{rsp}为容量供应商返还的收入；η为返还系数，可以根据市场实际数据的测算进行设计。

第 5 章

Chapter Five

总　结

5.1 高比例可再生能源参与市场大幅提高火电容量补偿规模

测算表明 2025 年我国系统容量补偿规模高达 6917.4 亿元，度电容量补偿成本为 0.061 元，远高于度电碳成本。传统化石燃料发电作为灵活可调节电源能够平抑新能源发电的波动性，因此有必要长期存在，但是此类电源无法在缺乏完善的发电充裕度机制的能量市场中获得持久稳定的收益，投资成本的回收问题亟待解决。

5.2 保障容量充裕度的国外典型市场机制值得我国参考借鉴

从国际上电力现货市场化的国家和地区来看，为了解决缺失收入问题推行的发电容量充裕度机制主要包括容量市场机制、稀缺定价机制、可靠性期权机制、容量补偿机制、战略备用机制等。各机制的分类、市场化程度、实施难度情况如表5-1所示。

表5-1 容量充裕度机制对比

机制	分类	市场化程度	实施难度
容量市场	基于容量	高	偏难
战略备用	基于容量	中	适中
容量补偿	基于价格	低	偏易
分散义务	基于容量	高	适中
稀缺定价	单一能量市场	高	适中
可靠性期权	单一能量市场	高	偏难

5.3 系统动力学仿真表明机制设计影响可靠性与经济性的协调

引入充裕度机制可以显著解决系统潜在的资源不足问题，但容量补偿机制不利于在低碳目标下减少煤电机组的市场份额，应逐渐过渡到市场化机制，侧重于促进边际机组的经营与投资。在经济性方面，当市场主体不断成熟后，可以更大程度依赖稀缺定价释放价格信号，减少集中式容量管制造成的社会福利损失。容量补偿、容量市场机制对投资者风险规避态度的敏感性小，且对比无风险情景实现了社会福利的相对增加，而稀缺定价机制相反。

5.4 构建考虑配额制的多源电力市场成本回收体系

现货市场、辅助服务市场、容量市场中各类型机组呈现出不同的竞争力，电力市场的成本回收体系需要统筹多源特性。煤电、气电机组在容量市场中需要回收的成本占比较大，而风电、光伏在保障收购的情况下，剩余成本主要通过配额制约束的绿证市场回收。

5.5 中国容量市场建设遵循分阶段推进、多举措风控原则

我国容量市场建设可分为 4 个阶段推进。第一阶段是以容量补偿为实质的过渡阶段，第二阶段是运行面向火电机组的省级容量市场，在此基础上第三阶段增加了新能源、抽水蓄能、储能、需求响应、虚拟电厂等新型参与主体，第四阶段开展跨省跨区的区域容量市场，考虑输电传输容量约束，建设区域内部的分区容量市场。容量市场建设需要配套信息披露、价格风险防控、市场动力限制等措施，为解决机制运行存在的弊端，建议采用一种基于收益估算法的新型容量市场。

参 考 文 献

［1］陈大宇．电力现货市场配套容量机制的国际实践比较分析［J］．中国电力企业管理，2020（1）：30－35.

［2］冯少山．电力现货市场配套容量机制的国际实践比较［J］．电力系统装备，2022（3）：120－122.

［3］广东省能源局，国家能源局南方监管局．广东电力市场容量补偿管理办法（试行）［EB/OL］．(2020－11－30)［2024－03－20］．https：//shoudian. bjx. com. cn/html/20201216/1122564. shtml.

［4］侯孚睿，王秀丽，锁涛，等．英国电力容量市场设计及对中国电力市场改革的启示［J］．电力系统自动化，2015，39（24）：1－7.

［5］刘润泽，荆朝霞，刘煜．考虑动态备用需求曲线的电能量—备用耦合出清模型［J］．电力系统自动化，2021，45（6）：34－42.

［6］刘泽扬，荆朝霞．美国得州2·15停电初步分析及其对我国电力市场建设的启示［J］．发电技术，2021，42（1）：131－139.

[7] 鲁刚，文福拴，薛禹胜，等．电力市场环境下的发电容量充裕性（一）单一能量市场情形［J］．电力系统自动化，2008，32（20）：5-10．

[8] 鲁刚，文福拴，薛禹胜，等．电力市场环境下的发电容量充裕性（二）几种现有方法的分析［J］．电力系统自动化，2008，32（21）：1-7，71．

[9] 鲁刚，文福拴，薛禹胜，等．电力市场环境下的发电容量充裕性（三）市场设计要素与原则［J］．电力系统自动化，2009，33（5）：12-18．

[10] 山东省发展和改革委员会．关于电力现货市场燃煤机组试行容量补偿电价有关事项的通知（征求意见稿）［EB/OL］．(2020-04-20) ［2024-03-02］．https：//news. bjx. com. cn/html/20200421/1064942. shtml．

[11] 王一，朱涛，张玉欣，等．适应中国电力现货市场发展的容量补偿机制初探［J］．电力系统自动化，2021，45（6）：52-61．

[12] 喻芸，荆朝霞，陈雨果，等．电力市场环境下典型发电容量充裕性机制及对我国的启示［J］．电网技术，2019，43（8）：2734-2742．

[13] 钟永光，贾晓菁，李旭，等．系统动力学［M］．北京：科学出版社，2009．

[14] 朱继忠，喻芸，谢平平，等．美国稀缺定价机制及对我国现货市场建设的启示［J］．南方电网技术，2019，13（6）：37-43，75．

[15] Bayasgalan Z, Bayasgalan T, Dugarjav B. The expansion of electrical generations by using capacity market planning in Mongolia [C]. 2019 IEEE Transportation Electrification Conference and Expo, Asia-Pacific (ITEC Asia-Pacific). Seogwipo-si, Korea (South). IEEE, 2019: 1 – 4.

[16] Brouwer A S, Van Den Broek M, Seebregts A, et al. Operational flexibility and economics of power plants in future low-carbon power systems [J]. Applied Energy, 2015, 156: 107 – 128.

[17] Frondel M, Ritter N, Schmidt C M, et al. Economic impacts from the promotion of renewable energy technologies: The German experience [J]. Energy Policy, 2010, 38 (8): 4048 – 4056.

[18] Galetovic A, Muñoz C M, Wolak F A. Capacity payments in a cost-based wholesale electricity market: the case of Chile [J]. The Electricity Journal, 2015, 28 (10): 80 – 96.

[19] Hary N, Rious V, Saguan M. The electricity generation adequacy problem: Assessing dynamic effects of capacity remuneration mechanisms [J]. Energy Policy, 2016 (91): 113 – 127.

[20] Hasani-Marzooni M, Hosseini S H. Dynamic analysis of various investment incentives and regional capacity assignment in Iranian electricity market [J]. Energy Policy, 2013 (56): 271 – 284.

[21] Hobbs B F, Hu M C, Inon J G, et al. A dynamic analysis of a demand curve-based capacity market proposal: the PJM reliability pricing model [J]. IEEE Transactions on Power Systems, 2007, 22 (1): 3 – 14.

［22］Hogan M. Follow the missing money: Ensuring reliability at least cost to consumers in the transition to a low-carbon power system ［J］. The Electricity Journal, 2017, 30 (1): 55 – 61.

［23］Holmberg P, Ritz R A. Optimal capacity mechanisms for competitive electricity markets ［J］. The Energy Journal, 2020 (41): 33 – 66.

［24］National Grid. National Grid EMR Electricity Capacity Report 2018 ［R/OL］. (2018 – 05 – 31) ［2024 – 03 – 23］. https: // www. emrdeliverybody. com/Lists/Latest% 20News/Attachments/189/ Electricity% 20Capacity% 20Report% 202018_Final. pdf.

［25］Ousman Abani A, Hary N, Rious V, et al. The impact of investors' risk aversion on the performances of capacity remuneration mechanisms ［J］. Energy Policy, 2018 (112): 84 – 97.

［26］Petitet M, Finon D, Janssen T. Capacity adequacy in power markets facing energy transition: a comparison of scarcity pricing and capacity mechanism ［J］. Energy Policy, 2017 (103): 30 – 46.

［27］PJM. PJM Manual 18: PJM Capacity Market ［R/OL］. (2021 – 05 – 26) ［2024 – 02 – 26］. https: //www. pjm. com// media/documents/manuals/archive/m18/m18v48-capacity-market-05-26-2021. ashx.

［28］Schwele A, Kazempour J, Pinson P. Do unit commitment constraints affect generation expansion planning? A scalable stochastic model ［J］. Energy Systems, 2020, 11 (2): 247 – 282.

［29］Traber T. Capacity remuneration mechanisms for reliability in the integrated European electricity market: effects on welfare and distribution through 2023 [J]. Utilities Policy, 2017 (46): 1 – 14.

[30] William Z, Martin J, Machteld V. Can liberalized electricity markets support decarbonized portfolios in line with the Paris Agreement? A case study of Central Western Europe [J]. Energy Policy, 2021 (149).

[31] Yamaguchi N, Totsuka N, Kakimoto K, et al. Scenario analysis of balancing capacity market based on unit commitment [C]. International Conference on Power, Energy and Electrical Engineering, December 19 – 21, 2019, London, UK: 02003.